ARISTÓTELES

Sobre a arte poética

OUTROS LIVROS DA **FILŌ**

FILŌ

A alma e as formas
Ensaios
Georg Lukács

A aventura da filosofia francesa no século XX
Alain Badiou

Ciência, um Monstro
Lições trentinas
Paul K. Feyerabend

Do espírito geométrico e Da arte de persuadir
E outros escritos de ciência, política e fé
Blaise Pascal

Em busca do real perdido
Alain Badiou

A ideologia e a utopia
Paul Ricœur

Jacques, o sofista
Lacan, logos e psicanálise
Barbara Cassin

O primado da percepção e suas consequências filosóficas
Maurice Merleau-Ponty

Relatar a si mesmo
Crítica da violência ética
Judith Butler

A sabedoria trágica
Sobre o bom uso de Nietzsche
Michel Onfray

Se Parmênides
O tratado anônimo De Melisso Xenophane Gorgia
Barbara Cassin

A teoria dos incorporais no estoicismo antigo
Émile Bréhier

A união da alma e do corpo
em Malebranche, Biran e Bergson
Maurice Merleau-Ponty

A vida psíquica do poder
Teorias da sujeição
Judith Butler

FILŌAGAMBEN

Bartleby, ou da contingência
Giorgio Agamben
seguido de *Bartleby, o escrevente*
Herman Melville

A comunidade que vem
Giorgio Agamben

Gosto
Giorgio Agamben

O homem sem conteúdo
Giorgio Agamben

Ideia da prosa
Giorgio Agamben

Introdução a Giorgio Agamben
Uma arqueologia da potência
Edgardo Castro

Meios sem fim
Notas sobre a política
Giorgio Agamben

Nudez
Giorgio Agamben

A potência do pensamento
Ensaios e conferências
Giorgio Agamben

O tempo que resta
Um comentário à *Carta aos Romanos*
Giorgio Agamben

FILŌBATAILLE

O culpado
Seguido de *A aleluia*
Georges Bataille

O erotismo
Georges Bataille

A experiência interior
Seguida de *Método de meditação e Postscriptum 1953*
Georges Bataille

A literatura e o mal
Georges Bataille

A parte maldita
Precedida de *A noção de dispêndio*
Georges Bataille

Sobre Nietzsche: vontade de chance
Seguido de *Memorandum [...]*
Georges Bataille

Teoria da religião
Seguida de *Esquema de uma história das religiões*
Georges Bataille

FILŌBENJAMIN

O anjo da história
Walter Benjamin

Baudelaire e a modernidade
Walter Benjamin

Estética e sociologia da arte
Walter Benjamin

Imagens de pensamento Sobre o haxixe e outras drogas
Walter Benjamin

Origem do drama trágico alemão
Walter Benjamin

Rua de mão única Infância berlinense: 1900
Walter Benjamin

Walter Benjamin
Uma biografia
Bernd Witte

FILŌESPINOSA

Breve tratado de Deus, do homem e do seu bem-estar
Espinosa

Espinosa subversivo e outros escritos
Antonio Negri

Princípios da filosofia cartesiana e Pensamentos metafísicos
Espinosa

A unidade do corpo e da mente
Afetos, ações e paixões em Espinosa
Chantal Jaquet

FILŌESTÉTICA

O belo autônomo
Textos clássicos de estética
Rodrigo Duarte (Org.)

O descredenciamento filosófico da arte
Arthur C. Danto

Do sublime ao trágico
Friedrich Schiller

Íon
Platão

Objetos trágicos, objetos estéticos
Friedrich Schiller

Pensar a imagem
Emmanuel Alloa (Org.)

FILŌMARGENS

O amor impiedoso
(ou: Sobre a crença)
Slavoj Žižek

Estilo e verdade em Jacques Lacan
Gilson Iannini

Interrogando o real
Slavoj Žižek

Introdução a Foucault
Edgardo Castro

Kafka
Por uma literatura menor
Gilles Deleuze
Félix Guattari

Lacan, o escrito, a imagem
Jacques Aubert, François Cheng, Jean-Claude Milner, François Regnault, Gérard Wajcman

O sofrimento de Deus
Inversões do Apocalipse
Boris Gunjevic
Slavoj Žižek

Psicanálise sem Édipo?
Uma antropologia clínica da histeria em Freud e Lacan
Philippe Van Haute
Tomas Geyskens

ANTIFILŌ

A Razão
Pascal Quignard

FILÕ   autêntica

ARISTÓTELES

Sobre a arte poética

TRADUÇÃO Antônio Mattoso
Antônio Queirós Campos

Copyright © 2018 Autêntica Editora

Título original: Περὶ ποιητικῆς

Todos os direitos reservados pela Autêntica Editora. Nenhuma parte desta publicação poderá ser reproduzida, seja por meios mecânicos, eletrônicos, seja via cópia xerográfica, sem a autorização prévia da Editora.

EDITORA RESPONSÁVEL
Rejane Dias

EDITORA ASSISTENTE
Cecília Martins

COORDENADOR DA COLEÇÃO FILÔ
Gilson Iannini

CONSELHO EDITORIAL
Gilson Iannini (UFOP); Barbara Cassin (Paris); Carla Rodrigues (UFRJ); Cláudio Oliveira (UFF); Danilo Marcondes (PUC-Rio); Ernani Chaves (UFPA); Guilherme Castelo Branco (UFRJ); João Carlos Salles (UFBA); Monique David-Ménard (Paris); Olímpio Pimenta (UFOP); Pedro Süssekind (UFF); Rogério Lopes (UFMG); Rodrigo Duarte (UFMG); Romero Alves Freitas (UFOP); Slavoj Žižek (Liubliana); Vladimir Safatle (USP)

REVISÃO
Lira Córdova
Lívia Martins

PROJETO GRÁFICO
Diogo Droschi

CAPA
Alberto Bittencourt

DIAGRAMAÇÃO
Conrado Esteves
Waldênia Alvarenga

Dados Internacionais de Catalogação na Publicação (CIP)
(Câmara Brasileira do Livro, SP, Brasil)

Aristóteles
  Sobre a arte poética / Aristóteles ; tradução Antônio Mattoso, Antônio Queirós Campos. -- 1. ed. -- Belo Horizonte : Autêntica Editora, 2018. -- (Filô)

  Título original: Περὶ ποιητικῆς
  ISBN 978-85-513-0112-8

  1. Poética I. Título. II. Série.

16-01989   CDD-808.1

Índices para catálogo sistemático:
1. Poética : Literatura 808.1

Belo Horizonte
Rua Carlos Turner, 420
Silveira . 31140-520
Belo Horizonte . MG
Tel.: (55 31) 3465-4500

Rio de Janeiro
Rua Debret, 23, sala 401
Centro . 20030-080
Rio de Janeiro . RJ
Tel.: (55 21) 3179 1975

São Paulo
Av. Paulista, 2.073,
Conjunto Nacional, Horsa I
23º andar . Conj. 2310-2312.
Cerqueira César . 01311-940
São Paulo . SP
Tel.: (55 11) 3034 4468

www.grupoautentica.com.br

7. **Prefácio**
Jacyntho Lins Brandão

17. **Introdução à *Arte poética***
Antônio Mattoso e
Antônio Queirós Campos

29. **Sobre a arte poética**

129. **Referências**

131. **Notas**

Prefácio
A poética de Aristóteles é uma teoria da literatura?

Jacyntho Lins Brandão[*]

A propósito de *Sobre a arte poética* de Aristóteles, escreveu Miguel Garrido Gallardo que, tendo ela sido considerada a "primeira grande teoria dos gêneros literários", poder-se-ia dizer que "a teoria dos gêneros ocidental não é, no substancial, mais que – dela – uma vasta paráfrase".[1] Declarações desse teor correm sempre o risco da generalização e do exagero, caso se trate de reforçar o lugar-comum de que tudo já foi dito pelos gregos (neste caso, por um grego da Macedônia), o que implicaria não perceber a natureza da relação da *Poética* com as teorias da literatura. Sem dúvida, nem tudo foi dito ou pensado por Aristóteles, e a reflexão sobre a literatura, depois dele e ao longo dos séculos, demonstrou um vigor de renovação inegável. Isso não tem acarretado, contudo, perder de vista o caráter seminal da sua poética, cuja importância se pode aquilatar pela própria capacidade de incitar e produzir vigor e renovação.

[*] Jacyntho Lins Brandão, doutor em Letras Clássicas pela USP, é professor de Língua e Literatura Grega na UFMG. Seus principais trabalhos são na área de literatura, língua e filosofia gregas. Publicou em 2017, pela Autêntica, a tradução da *Epopeia de Gilgámesh*.

[1] GARRIDO GALLARDO, Miguel. Una vasta paráfrasis de Aristóteles. In: *Teoría de los géneros literarios*. Madrid: Arco Libros, 1988. p. 9.

Dizer de algo – sobretudo de um discurso, como é aqui o caso – que é seminal, implica que tem mais de não dito que de dito, não por ignorância, mas por se ater ao essencial – ou, para usar do jargão aristotélico, por ter mais em potência que em ato. Como o leitor constatará, Aristóteles não se furta em declarar o que não sabe ou não tem. Assim, por exemplo, ele afirma não saber detalhar as origens da comédia, como diz que não tem, em sua língua, um termo para "denominar, em comum", tanto composições metrificadas quanto em prosa – essa arte para ele ainda "inominada" sendo o que se chamou depois, com termos latinos, de literatura. Justamente o fato de que se tratasse de algo, em grego, *anónymos* – pois o senso comum dizia "poesia" apenas do que se apresentava em versos – nos dá a medida do gesto de Aristóteles ao recortar, nos termos de Miner, "um ramo distinto e separado do conhecimento humano", concebendo a poética como "um objeto distinto das suas obras sobre ética, metafísica, política, retórica, zoologia e outros assuntos designados por seus respectivos títulos".[2]

De fato, Aristóteles legou-nos não só a primeira poética grega (caso se queira, a primeira poética ocidental), como também, o que não é pouco, a forma do tratado – ainda que, na verdade, os gregos chamassem esse tipo de escrito de "*hypómnema*" (exatamente: memorial), e tudo leva a crer que a denominação atual que mais exatamente lhe corresponda seja a de "ensaio". Ao que parece, Aristóteles tem consciência de que compõe uma obra sem precedentes, pois não se refere a nenhum antecessor – e isso se levando em conta que, com a forma do tratado, ele nos legou também a prática do que hoje chamamos de "revisão da bibliografia", de que é um exemplo admirável o primeiro livro da

---

[2] MINER, Earl. *Poética comparada*. Tradução de Angela Gasperin. Brasília: Editora UnB, 1996. p. 28.

Metafísica, em que passa em revista todos os filósofos que, antes dele, haviam abordado a questão das causas, indo de Tales até Platão. Também na *Retórica* (outro tratado fundador de ampla influência), ele cuida de observar, logo nos primeiros parágrafos, que "os que antes compuseram artes dos discursos não abordaram, por assim dizer, nem mesmo uma parte dela", referindo-se explicitamente mais adiante, a propósito do silogismo aparente, à "arte retórica de Córax".

Com a poética parece, portanto, que tudo se passa de modo diverso: ele conta nada mais que com o *corpus* da literatura e, quando muito, com tradições esparsas, como as relativas às origens da tragédia e da comédia, ou, no que diz respeito à denominação desta última, mesmo com tradições conflitantes. Não se recorda outra "arte poética" (*poietikè tékhne*) de que possa valer-se, com a qual possa debater e dialogar. Parece razoável supor que essa arte de fato não existisse. Entretanto, é preciso reconhecer que a *Poética* continua e até certo ponto se contrapõe à teorização de Platão, o qual – é verdade que numa forma literária diferente, o diálogo – já havia estabelecido os alicerces das poéticas gregas, a saber: um ponto de partida para a teoria dos gêneros, dado pela diegese; o reconhecimento da mimese como o elemento que, mesclado em graus variados àquela, torna possível sua variação; a definição da poesia como *pseûdos* (ficção), e não como alguma modalidade de discurso verdadeiro, o que impõe o problema de sua recepção.

Em resumo, são de dois tipos os antecedentes de Aristóteles: de um lado, a experiência de uma literatura cuja autoridade não estava atrelada a alguma verdade ou revelação – já Sólon ensinava que "muito mentem os aedos"; de outro, a teorização de Platão, cuja última consequência, embora honrando os poetas pela destreza de seus versos, fora não admiti-los na cidade justa, uma vez que, sua ocupação sendo a mimese, se encontram afastados três

graus do verdadeiro. Ora, o que fez Aristóteles, antes de mais nada, foi tirar partido da crítica platônica, trazendo para o primeiro plano a mimese, à qual se atribui valor e com a qual se pode definir um campo próprio não só para a literatura, como também para as artes em geral: tudo é que *poiético* é mimético, sendo portanto a mimese que diz aquilo até então sem nome, incluindo ainda música, dança e pintura.

Primeira consequência: para Aristóteles, tratar de poética é tratar de mimese. Isso leva aos admiráveis capítulos iniciais de *Sobre a arte poética*, em que se elabora o modelo teórico com base em parâmetros extremamente simples: os meios (literalmente, *em que* ou *com o que* se mimetiza), os objetos (*o que* se mimetiza) e os modos (*como* se mimentiza). Assim como poetas e prosadores o fazem com o discurso (o *lógos*), pintores trabalham com figuras e cores, músicos, com harmonia e ritmo, dançarimos, só com o ritmo. Além disso, com esses variados recursos é possível mimetizar caracteres melhores, piores ou semelhantes a nós. Enfim, a mimese pode valer-se de narração – com a subdivisão de que a narrativa pode caber inteiramente ao poeta ou pode ele narrar e fazer falar suas personagens – ou de atuação – no caso em que as personagens se apresentam agindo elas próprias, sem que se faça ver o poeta.

A partir desses parâmetros admiravelmente simples – *em quê*, *o que* e *como* – constrói-se o modelo teórico que se aplica ao *corpus* da literatura então disponível. A tragédia, considerando-se os objetos, é o mesmo que a epopeia, pois ambas põem em cena personagens elevadas, como deuses e heróis, ao contrário da comédia, que busca caracteres risíveis. Mas do ponto de vista do *como*, tragédia e comédia são o mesmo, sendo ambas diferentes da epopeia. Isso mostra como os três critérios – meios, objetos, modos – constituem uma espécie de grade que se

sobrepõe ao *corpus* da literatura, permitindo que os traços de cada gênero e mesmo de cada obra se deixem perceber com mais intensidade.

A virtude do modelo teórico, contudo, não se esgota em iluminar um único *corpus* – a literatura existente na época de Aristóteles –, pois tanto mais teoricamente perfeito ele será quanto permita aplicar-se também a outros *corpora*. Ora, se a epopeia se define como o gênero que usa de discurso metrificado, põe em cena caracteres de condição elevada e faz falar tanto o narrador quanto as personagens, é verdade que a última parte de tal definição se aplicaria bem ao romance (um gênero inexistente na época de Aristóteles, mas já em curso nos primeiros séculos da nossa era, tanto em grego quanto em latim), competindo substituir, quanto ao primeiro parâmetro, o verso pela prosa, e, no que respeita ao segundo, os caracteres elevados por personagens semelhantes a nós. Do mesmo modo, com relação a tragédia e comédia, a substituição dos caracteres melhores e piores pelos semelhantes a nós definiria bem o drama moderno. Finalmente, o desenvolvimento tecnológico dos meios vem permitindo uma variedade de formas miméticas insuspeitada na Antiguidade, de que o exemplo mais contundente se encontraria no cinema, o qual logra provocar, na esteira da tragédia, a conflução da arte de poetas, pintores, músicos e dançarinos numa obra única.

É assim que uma teoria funciona e é para isto que serve: compreender o que existe (ou o real) sem deixar de projetar o possível (ou o virtual). Isso implica dizer que ela estará sempre aquém e além dos fenômenos, pois nenhuma teoria daria conta de todos os elementos que compõem o *corpus* sobre o qual se debruça – existiria tragédia, comédia ou epopeia teoricamente puras, considerando-se a rigor os três parâmetros aristotélicos? –, ao mesmo tempo que, por ater-se ao geral, logra ela avançar dos gêneros históricos,

existentes em um dado momento, para os possíveis em outras circunstâncias. É assim que, em *Sobre a arte poética*, se entrelaçam o viés teórico e a consideração da produção a ela contemporânea. Mais de uma dúzia de gêneros são referidos, no interesse de testar e demonstrar o discernimento proposto em teoria: epopeia, tragédia, comédia, ditirambo, mimo, diálogo, jambo, elegia, rapsódia, nomo, paródia, hino, encômio – sem falar na música (aulética, citarística, siríngica), na pintura e na dança.

Muitos lamentam que boa parte da obra se concentre na tragédia, a epopeia e a comédia sendo convocadas apenas para contrapontos com ela. Ora, para entender a importância que se dá ao gênero trágico deve-se ter em vista pelo menos três aspectos. O primeiro, que se trata do produto poético então de alcance mais abrangente, pois inteiramente vinculado aos festivais em honra de Dioniso, os quais integravam o calendário oficial de Atenas, marcando o transcurso anual do tempo. Por outro lado, deve-se ter em mente que a tragédia constituía, como pretende o próprio Aristóteles, uma espécie de obra total, na medida em que usava de um número maior de meios (os *em quê*): não só linguagem metrificada, com várias espécies de metro, nos diálogos e nos intermezos do coro, como também música, dança, figurinos e todos os recursos da cenografia. Enfim, fora contra a tragédia que Platão mais se voltara, por ser o mais mimético dos gêneros.

É especialmente para lidar com este último problema que Aristóteles se empenha em repensar o estatuto da mimese, o que se desdobra em quatro argumentos iniciais, que poderíamos classificar, respectivamente, como antropológico, paidêutico, estético e gnosiológico. Sua formulação é clara: do ponto de vista antropológico, "o mimetizar é inato aos homens", o que implicaria considerar que, por natureza, o homem é um animal mimético. O caráter paidêutico da

mimese se demonstra considerando-se que é por meio dela que o homem "adquire os primeiros conhecimentos". Por outro lado, seu potencial estético fica claro diante do "fato de todos se alegrarem com as mimetizações", prova disso sendo o prazer que decorre de contemplarmos a mimese daquilo que nos causa aflição, como animais repulsivos e cadáveres. Enfim, da perspectiva gnosiológica, os que contemplam as imagens "aprendem e concluem o que é cada coisa", reconhecendo, por exemplo, num arbusto pintado, que se trata de um arbusto. A todos esses argumentos se acrescenta que a poesia é "algo não só mais filosófico, mas também mais elevado que a história", porque, competindo a esta dizer "o que aconteceu", ao poeta cabe falar do "que poderia acontecer e as coisas possíveis segundo o verossímil ou o necessário" – noutros termos: se ao historiador cumpre tratar do particular (por exemplo, "o que Alcibíades fez ou experimentou"), o poeta se ocupa (como o filósofo) do universal.

Vale a pena retornar a Platão para ter a medida da reviravolta aristotélica. Para aquele, a mimese implicaria o nível mais desprezível de conhecimento porque afastada três graus do verdadeiro: assim, há a ideia de cama, produzida pelo deus, una e perfeita (primeiro nível), as camas feitas pelo carpinteiro, múltiplas e imperfeitas (segundo nível), e, finalmente, as camas pintadas pelo pintor, mimese das camas múltiplas e imperfeitas fabricadas pelo carpinteiro (terceiro nível). Ora, ao defender que o poeta, enquanto mimetizador, se ocupa do universal, Aristóteles sugere que ele remete não é a algo particular, como a uma cama qualquer produzida pelo carpinteiro, mas ao universal, ao possível, para usar sua própria terminologia, à forma de cama, sem a individuação numa matéria – o que levaria o poeta, se pudermos fazer confluir os dois filósofos, a algo como a ideia de cama. Sendo de destacar que é exatamente por dizer respeito ao universal que a mimese permite o passo

gnosiológico que leva ao reconhecimento disso naquilo, pois não se exige que quem contempla a pintura da árvore reconheça que se trata de uma árvore apenas se tiver visto antes a árvore particular que serviu de modelo ao pintor, mas por reconhecer a forma de árvore.

Ora, a destreza mimética do poeta (como a de outros artistas) não se pode medir, portanto, pela adequação a algo externo à própria obra, pois isso diria respeito ao particular. Pelo contrário, são critérios internos à obra, a necessidade e a verossimilhança, que garantem a universalidade do poético. Anote-se que o que se costumou traduzir por "verossimilhança" prescinde em grego do "vero" (o verdadeiro) – o termo "*eikós*" compreendendo as esferas do semelhante, do adequado e do conveniente. Isso significa que não se tem em vista a semelhança do que se mimetiza com algo verdadeiro externo à obra, pois isso implicaria voltar à esfera do particular, mas antes que se atribua, por exemplo, a uma personagem (naturalmente fictícia) de caráter elevado – um deus ou herói – palavras e ações convenientes a sua condição. A necessidade (*anánke*), por seu lado, pode-se entender como a concatenação das ações que, não só na tragédia, devem caracterizar o *mito* (isto é, o enredo que se mimetiza), "de tal modo que, transpondo-se ou suprimindo alguma parte, se modifique ou desarranje o todo".

Última das questões teóricas de fundo: quais os efeitos da poesia? Já vimos que ela, enquanto mimese, produz prazer e conhecimento, mas resta saber, no caso de cada gênero, quais os efeitos patéticos que lhe são próprios. A definição de tragédia, com justiça famosa, diz algo sobre isso: "a tragédia é mimese de ação elevada e completa, com certa extensão, com linguagem ornamentada, separadas cada uma de suas espécies de ornamento em suas partes, atuando os agentes, e não mediante narração, que, mediante compaixão e temor, leva a cabo a cartarse de tais afecções".

Como se constata, a primeira parte da definição trata de *o que* se mimetiza ("ação elevada e completa, com certa extensão"), a segunda, de *em que* se mimetiza ("com linguagem ornamentada, separadas cada uma de suas espécies de ornamento em suas partes"), a terceira, de *como* se mimetiza ("atuando os agentes, e não mediante narração") – o ápice da definição sendo dedicado aos efeitos: "mediante compaixão e temor" ela "leva a cabo a catarse [*kátharsis*] de tais afecções [*pathemáton*]". O efeito próprio da tragédia será, portanto, a purificação de certas afecções, nomeadamente compaixão e temor, o que tanto se poderia entender no sentido do que cada indivíduo experimenta, ao acompanhar a representação do mito trágico, numa espécie de purificação física e psicológica dessas emoções, quanto se poderia ampliar seu alcance para o conjunto dos espectadores, especialmente por tratar-se de uma perfórmance a céu aberto, em que palco e público se veem e, em certa medida, contribuem para o espetáculo e a comunhão dramática, experimentando uma espécie de alívio coletivo, algo como uma catarse política, não perniciosa, mas benéfica para a cidade.

Mesmo que a catarse das afecções (*pathemáton kátharsis*) se diga, em *Sobre a arte poética*, por alguma razão difícil de determinar, apenas da tragédia, é razoável supor que também para a comédia se pudesse propor efeito análogo – naturalmente envolvendo afecções condizentes com o riso –, bem como para outros gêneros. Essa suposição – que, em vista do texto, permanecerá nada mais que simples suposição – permite que retornemos ao caráter seminal da poética aristotélica com relação às teorias da literatura. Além de constituir ela própria uma autêntica teorização, podemos dizer que sua importância maior está no que deixa em aberto, fecundando o pensamento que toma a poesia como questão, do ponto de vista dos problemas que cercam tanto sua composição quanto sua recepção.

Resta acrescentar que a função seminal que se reconhece em *Sobre a arte poética* não se cumpriria plenamente sem o esforço renovado de tradução. A primeira de que se tem notícia foi feita para o siríaco, no século IX, a que se seguiram versões para o árabe (séc. X) e o latim (a partir do séc. XIII), bem como, depois do Renascimento, para línguas modernas. É esse movimento, que faz da poética aristotélica algo capaz de incutir vigor e renovação no pensamento crítico sobre a literatura e a arte, que se perpetua no presente volume, traduzido pelos professores Antônio Carlos Mattoso Salgado e Antônio José Queirós Campos, da Pontifícia Universidade Católica do Rio de Janeiro. Traduzir de novo um texto implica, a partir de determinadas escolhas, realçar certos aspectos obnubilados em outros trabalhos ou esmaecidos pelo mero desgaste do tempo. Celebre-se pois esta nova versão em português de *Sobre a arte poética*, valorizada pela tradução feita a partir de critérios próprios e justificados (como manter em grego os termos *mímesis* e *mŷthos*) e pela apresentação também do texto grego, o que permite ao leitor interessado o percurso da direita para a esquerda ou vice-versa, configurando-se excelente convite para a reflexão.

Enfim, se é evidente descomedimento pretender que Aristóteles já tivesse dito tudo sobre a poesia, o resto não passando de paráfrase, não será exagero reconhecer em *Sobre a arte poética* o texto seminal de nossa compreensão da literatura e da arte.

Introdução à *Arte poética*

Antônio Mattoso
Antônio Queirós Campos

I) Códices, estabelecimentos e propósitos desta tradução

O texto grego que serviu de base para esta tradução foi o estabelecido, em 1932, por J. Hardy,[1] que, por sua vez, se fundou nos três códices disponíveis: o Parisinus 1741 (chamado no aparato crítico de "A"), o Ricardianus 46 ("B" no aparato crítico) e o código árabe ("Ar" nas notas críticas).[2] O primeiro, que é o mais completo, data do século XI d.C., e os outros, dos séculos XIV e X/XI, respectivamente.

Quanto aos propósitos dos tradutores, o que se teve em vista primordialmente foi a máxima literalidade possível em relação à escrita aristotélica, mesmo que à custa, talvez, de alguma estranheza do leitor com certas construções sintáticas e certos idiomatismos do grego ático e com a excessiva concisão do próprio estilo aristotélico.

Não se teve como preocupação fundamental embelezar a sequidão lacunosa do original apenas para tornar o

---

[1] Em algumas passagens, os tradutores fizeram concessões pontuais ao texto estabelecido por Rudolf Kassel, de 1965.

[2] Há um quarto códice, subsistente numa tradução latina de Moerbeke, 1278, mas cujo manuscrito desapareceu, e que, no aparato crítico, é chamado de Φ.

texto mais palatável ao leitor, o que não raro leva a paráfrases explicativas que arruínam o sentido primitivo. Isso é papel das notas de tradução, razão por que são abundantes.

A propósito, o leitor deve estar avisado de que o texto original, como obra de caráter escolar e por isso algo lacunoso e prenhe dos subentendidos naturais entre mestre e discípulos, não tem o acabamento formal e a beleza compatíveis com sua riqueza de conteúdo.

II) Dados histórico-biográficos

Aristóteles nasceu em 384 a.C., em Estagira, Macedônia, cidade colonizada por jônios, de dialeto jônio.

Seu pai, Nicômaco, era médico e serviu na corte do rei Amintas da Macedônia, pai de Filipe e avô de Alexandre.

Aos 17 anos, em 367, Aristóteles muda-se para Atenas e entra para a Academia platônica, que já funcionava há 20 anos.

Na época, Platão se encontrava fora, em sua segunda viagem a Sicília.

Ficou na Academia por cerca de 20 anos, até a morte de Platão.

Na Academia, escreve sua obra exotérica, a maior parte sob forma de diálogos, ora defendendo os princípios e formulações de seu mestre, ora submetendo-os a duras críticas, como no caso da Teoria das Ideias.

Morto Platão, e discordando da corrente dominante na Academia, deixa Atenas em direção à Ásia Menor, onde, em Assos e Mitilene, respectivamente, dá aulas de filosofia e faz pesquisas em ciências naturais.

Em 343, Filipe o encarrega da educação do filho, Alexandre, então com 13 anos.

Em 335, de volta a Atenas, instala sua escola perto de um templo a Apolo Lício, por isso conhecida como Liceu.

Em 323, em meio a conflitos entre atenienses e macedônios, teve de se exilar e morreu no ano seguinte, ainda no exílio.

III) Posição da *Poética* no *corpus aristotelicum*

O *corpus aristotelicum* consta, com exceção dos fragmentos, *grosso modo*, de:

1) Órganon, tratado de Lógica, composto de seis livros: *Categorias, Sobre a Interpretação, Primeiros Analíticos, Segundos Analíticos, Tópicos* e *Refutações Sofísticas*.

2) Obras de Filosofia Natural: *Física, Da Geração e Corrupção, Dos Animais*, etc.

3) Psicologia: *Sobre a alma*.

4) A *Metafísica*.

5) Obras de Filosofia Moral: *Ética Nicomaqueia, Ética Eudêmia, Minima Moralia*.

6) Obras de Filosofia Política: *Política* e *Constituição de Atenas*.

7) *Poética* e *Retórica*.

Aristóteles dividiu as ciências ou artes em três ramos, segundo sua importância hierárquica, quanto à possibilidade que oferecem de um conhecimento rigoroso:

- Ciências teoréticas, que buscam o saber por si mesmo (Metafísica, Física, Matemática, Teologia, Astronomia).

- Ciências ou artes pragmáticas, que buscam o saber para, por meio dele, atingir a perfeição moral e praticar boas ações (Política e Ética).

- Artes poiéticas ou produtivas, que buscam o saber pelo fazer (*poíesis*), isto é, com o fim de produzir

certos objetos ou certos resultados concretos (Poesia, Medicina, etc.).

Cabe aduzir aqui que os gregos, ao pensar na atividade da arte, privilegiavam seu momento cognoscitivo, para contrapô-la à simples experiência (*empeiría*), que consiste na repetição mecânica e irrefletida de certos procedimentos para obter resultados sem se perguntar o porquê de seu próprio fazer (exemplos: a culinária, a cosmética, a carpintaria, a arte do ferreiro, o artesanato em geral).

A arte, ao ir além da mera empiria e se indagar sobre a racionalidade de seu fazer, se credencia a ser um tipo de conhecimento.

Em sua *Física*, Aristóteles se refere às artes imitativas ou miméticas nesses termos: "Algumas coisas que a natureza não sabe fazer, a arte faz: as outras, ao invés, imita".[3]

E, entre as artes poiéticas, há aquelas que têm mera utilidade prática, que suprem deficiências da natureza e outras que imitam a própria natureza, reconfigurando alguns de seus aspectos, através de cores, sons, formas e palavras, sem finalidade prática. Entre estas últimas, Aristóteles cuida na *Poética* apenas da que lida com palavras, com linguagem, ou seja, a poesia, dando prioridade à poesia trágica e, secundariamente, à epopeia.

Por outro lado, é tradicional a divisão dos escritos de Aristóteles em dois grupos: os esotéricos ou acromáticos, destinados ao ouvido e aos discípulos; e os exotéricos, destinados à publicação e ao público geral. Os exotéricos – primeiros na ordem cronológica de composição – tinham forma mais burilada e provavelmente bastante influência ainda dos ensinamentos de Platão. Os esotéricos, por sua vez, visavam a um público de iniciados frequentadores do Liceu, e não iam muito além de anotações de aulas tomadas

[3] *Física*, 194 a21 e 199 a16-18

ou por ele mesmo ou por algum discípulo, razão de seu estilo um tanto descuidado e fragmentário, próprio de seu regime de oralidade. Seu caráter muitas vezes elíptico e frequentemente alusivo a outras obras do *corpus aristotelicum* pode dever-se ao fato de ser um texto proposto para discussão e aprofundamento em aula.

Além disso, a *Poética*, a par de sua aparência de obra escolar, é também incompleta, terminando meio abruptamente seu último capítulo – o XXVI – e ficando apenas prometido um Livro II (que nem se sabe se foi escrito ou se desapareceu) acerca da poesia cômica e do esclarecimento de noções mencionadas no Livro I, como a catarse.

Apesar de toda essa precariedade a ela inerente, a *Poética* continua sendo, junto com os trabalhos aristotélicos sobre Lógica, Metafísica e Ética, um dos textos do autor de maior atualidade, tendo alimentado por séculos aceso debate de agudo interesse para a teoria da literatura e para a Estética em geral.

IV) Natureza da *Poética*

a) Obra meramente poetológica

Quanto à hipótese de ser a *Poética* de Aristóteles escrito meramente poetológico – isto é, simples coleção sistematizada de normas e prescrições para a composição de poemas, por oposição a uma dita filosofia do "trágico", como categoria filosófica proposta pelo idealismo alemão do século XVII –, é obrigatória a menção a duas publicações de referência, disponíveis em língua portuguesa, que defendem tal posição. São elas: *O ensaio sobre o trágico*, de Peter Szondi (2004) e *O nascimento do trágico*, de Roberto Machado (2006).

Assim apresenta Szondi (2004, p. 23-24) seu ponto de vista:

Desde Aristóteles, há uma poética da tragédia; apenas desde Schelling, uma filosofia do trágico. Sendo um ensinamento acerca da criação poética, o escrito de Aristóteles pretende determinar os elementos da arte trágica; seu objeto, não a ideia de tragédia. Mesmo quando vai além da obra de arte concreta, ao perguntar pela origem e pelo efeito da tragédia, a *Poética* permanece empírica em sua doutrina da alma, e as constatações feitas – a do impulso de imitação como origem da arte e a de catarse como efeito da tragédia – não têm sentido em si mesmas, mas em sua significação para a poesia, cujas leis podem ser derivadas a partir dessas constatações.

No mesmo sentido se manifesta Roberto Machado (2006, p. 24): "A *Poética* de Aristóteles inaugura a tradição de uma análise 'poética' ou poetológica da tragédia como parte de um estudo sobre a técnica poética em geral, sem considerar o poema trágico como expressão de uma sabedoria ou visão do mundo que a modernidade chamará de trágica".

De todo modo, segundo essa perspectiva de leitura da *Poética* como escrito de cunho meramente poetológico, a reflexão sobre gêneros poéticos hoje em dia não mais se centra na determinação de formas e regras para escrever poesia, mas busca os conceitos por trás de cada gênero, especialmente o trágico, que, em seu sentido filosófico, é sempre pensado a partir de uma estrutura dialética.

Essa reviravolta no campo da estética refletiu a perspectiva geral da filosofia moderna desde Descartes, da hipertrofia do sujeito conhecedor erigido em única realidade *a priori*, com o consequente rebaixamento ontológico da natureza e de tudo que possa estar fora da consciência do sujeito.

Isso explica a perda de prestígio das teorias estéticas baseadas na *mímesis*, porque sua manutenção passaria a ofender a emergente noção de gênio criativo, atribuída ao artista moderno, herdeiro do subjetivismo hiperbólico do idealismo pós-cartesiano, que não mais poderá se conformar a copiar a natureza ou mesmo tê-la como referência necessária em suas produções, e cuja grande virtude será, doravante, a originalidade, a criação a partir do nada, que faz do artista uma réplica do deus cristão onipotente.

De todo modo, a filosofia do trágico teria por objetivo não o exame da tragédia, como criação artística concreta, e sim a expressão de um fundo metafísico e essencial que a informaria e que explicaria sua necessidade e seu vigor transistórico.

Em suma, a centralidade crescente da noção de sujeito do conhecimento na filosofia moderna tem sua contrapartida estética na preocupação ontológica de refletir sobre o trágico como categoria que tem algo a dizer sobre o ser, a totalidade dos seres, sobre o homem atemporal e universalmente considerado, sobre a realidade do que existe. E essa corrente recusa a Aristóteles ter feito qualquer investida, na *Poética*, em tal direção.

b) Teoria da arte poética ou da tragédia

De fato, como os defensores da corrente anterior propugnam, a leitura da *Poética* como manual de bem compor o *mŷthos* trágico não pode de jeito nenhum ser inteiramente descartada, mas, ao contrário, como o próprio Aristóteles deixa claro logo na abertura de seu texto, sua principal finalidade é falar sobre a arte poética "se está destinada a ser bela a composição poética" (1447, X, a1). Essa interpretação, portanto, é perfeitamente adequada à dicção do autor, mas, a nosso ver, está longe de esgotar todas as possibilidades de leitura possíveis.

Há um teor teórico da obra indiscutível, que tem levado muitos comentadores a dividirem didaticamente os objetivos da *Poética* em quatro partes bem distintas, como no esquema genérico seguinte:

1) Uma introdução geral: capítulos I a V.
2) Uma teoria da tragédia: capítulos VI a XXII.
3) Exame sintético da epopeia: capítulos XXIII a XXV.
4) Disputa entre tragédia e epopeia: capítulo XXVI.

Não há, então, como negar que existem nela noções de escopo teórico bastante inovador como: a de *mímesis* da ação, erigida em princípio geral da arte poética, em confronto com a noção de imitação, como cópia servil de caracteres, como predica Platão; a de *mŷthos* como sintaxe lógica das ações; a de catarse, com suas múltiplas possíveis significações; e a de *hamartía*, que possivelmente implica uma visão do papel do trágico na vida humana.

Por tudo isso, é impossível desconhecer o status teórico da *Poética*.

c) Documento ontológico acerca da noção de "trágico"

Embora a evidência textual sustentadora de uma especulação sobre esse aspecto da *Poética* não seja direta, é possível enxergar no texto sinais da existência de uma visão trágica do viver e agir humanos que a tragédia vai iluminar. É claro que tal leitura há de recorrer a uma apreciação sistemática do *corpus aristotelicum* a que a *Poética* está umbilicalmente ligada. No caso, em se tratando do agir humano, a contribuição maior nos vem da Ética aristotélica.

Há autores, como Martha Nussbaum (2009), que se detém em examinar a relação entre o filosofar aristotélico e a tragédia, a partir da concepção de Aristóteles sobre a *týkhe* (fortuna, acaso).

Aristóteles argumenta que as coisas sob nosso controle não são suficientes, embora fundamentais, para nossa *eudaimonía* (*Ética Nicomaqueia*, 1099 b18-25), que pode ser interrompida ou decisivamente comprometida por lances da fortuna, havendo, pois, uma lacuna entre ser bom e viver bem.

Para desafiar a posição da ética racionalista extremada e otimista advinda de Platão, para quem a vida de um justo não é menos boa ou digna de louvor em virtude de circunstâncias externas (*Apologia*, 41 c-d, *República* 388 a-b), Aristóteles dá os contraexemplos de Édipo e de Príamo retirados das tragédias.

Em suma, haveria para Aristóteles uma noção de "trágico" no relevo que empresta à vulnerabilidade da boa vida humana a eventos terríveis independentes da vontade do agente ou apenas remotamente previsíveis, mas que dão um sentido assustadoramente inesperado a suas próprias ações, configurado na ocorrência da *peripéteia*, aristotelicamente compreendida e explicada.

d) *Poética* como apologia da tragédia?

Finalmente, o derradeiro sentido em que pode ser lido esse texto clássico emergiu-nos unicamente da tradução da *Poética*. E consiste em percebê-la como um *agón* entre tragédia e epopeia, *agón* de natureza retórica, já que, a partir do capítulo XXIII, onde se inicia o exame da epopeia, Aristóteles assume um tom algo dissonante de sua linha principal de argumentação, chegando até mesmo a "reabilitar" partes qualitativas da tragédia até então repudiadas como estranhas à essência da arte poética, quais sejam, o espetáculo e a melopeia.

A certa altura da parte final de sua exposição, Aristóteles parece arvorar-se em "advogado" da tragédia em detrimento da epopeia, a que sequer confere um status de

gênero poético autônomo, título que concede à tragédia com todas as honras, sem se importar com o fato de que, para tanto, tenha de, senão contradizer-se frontalmente em sua opinião sobre o papel da melopeia e do espetáculo na *mímesis* poética, pelo menos, modular bastante o que já dissera e exaltar essas partes qualitativas do drama trágico como pontos a favor da tragédia, o que termina contando para sua vitória *vis-à-vis* a epopeia.

Não custa lembrar aqui que os discursos forenses terminam sempre e canonicamente por um epílogo ou peroração em que se faz uma *ethopoíia* (exame e construção do caráter) elogiosa – mas meio irônica – da capacidade de discernimento dos julgadores e por uma pequena rememoração dos argumentos empregados – dando a entender que não seriam assim tão preclaros os juízes a ponto de reterem na memória o cerne do que foi dito. Nessa rememoração (*mnéme*), a súmula final dos argumentos é apresentada de modo mais tosco, redutor e acessível do que o fora durante a fase argumentativa (*pístis*).

Talvez o mesmo tom retórico possa ser atribuído ao Livro X da *República* de Platão, que termina, depois de digressão de grande elaboração metafísica dos Livros VI e VII, na versão mais prosaica e deficiente da chamada Doutrina das Formas de toda a obra platônica, com recurso a artefatos e com a confusão entre universal (o nome "cadeira") e Forma propriamente dita (Ideia ou Forma de cadeira). Seja como for, esperamos ter dado algumas indicações textuais, ao longo da tradução, através de notas, dessa possibilidade de interpretação.

De todo modo, acreditamos que não há qualquer incompatibilidade entre as três linhas de leitura aqui elencadas, a menos que alguém se aferre à primeira delas – a da *Poética* como manual –, perspectiva que, não obstante ter em suas fileiras nomes de expressão, nos parece demasiado

redutora e unilateral da extraordinária *dýnamis* dessa pequena obra-prima.

V) Duas premissas básicas para a leitura da *Poética*

Por último, cabe salientar a existência de dois pressupostos heurísticos ou premissas inafastáveis para a compreensão desse texto aristotélico.

A primeira é dar-se conta de que se trata de uma resposta ao desafio de Platão lançado no Livro X da *República* (607 d-e), em que expulsa o poeta da *Pólis* ideal, deixando, porém, a porta entreaberta em seu Estado utópico para a poesia mimética, nos seguintes termos:

> Concederemos certamente a seus defensores, que não forem poetas, mas forem amantes da poesia, que falem em prosa, em sua defesa, mostrando como é não só agradável, como útil para os Estados e a vida humana. E escutá-los-emos favoravelmente, porquanto só teremos vantagem, se se vir que ela é não só agradável, como também útil.

Ora, nada mais evidente que Aristóteles encarnou essa figura do amante da poesia, que, em prosa, resolveu desincumbir-se de sua defesa, mostrando sua utilidade social (catarse, como purificação do excesso de emoções perigosas?) e apontando as virtudes cognitivas inerentes à poesia em sua proximidade com o caráter universal da filosofia, em sua descoberta de "universais poéticos". Esse papel defensivo e apologético requerido pelo repto platônico talvez explique o tom algo retórico que assume no final a *Poética*, entronizando a tragédia à custa da epopeia.

Com a *Poética*, no entanto, Aristóteles vai além da mera resposta ao desafio de seu mestre, mostrando a arte poética como útil, mas contra-ataca Platão, desconstruindo

seu conceito de *mímesis*, exatamente como nos *agónes* forenses é lícito a quem contesta a ação não só contestar os seus estritos termos, mas também voltar-se contra o autor da ação, atacar suas teses e pô-lo na defensiva (chama-se a isso hoje de reconvenção).

Finalmente, a outra premissa de leitura também crucial é a necessária compreensão da *Poética* como estuário de numerosos conceitos de Aristóteles provindos de seu sistema de pensamento como um todo, notadamente os oriundos das obras lógicas, uma vez que a própria ideia original de *mŷthos* de Aristóteles é de algum modo tributária de uma tentativa de entender sintática e logicamente as composições poético-miméticas de seu tempo.

Sua *Física* também está presente, com o primado conferido na *Poética* à questão do movimento (ação). Encontramos a *Metafísica*, igualmente, em sua quádrupla causalidade, aplicada à *Poética*, sendo a causa formal do poema a *mímesis* centrada no *mŷthos*; a causa eficiente, o poeta; a causa material, os meios e os modos da arte poética; e a causa final, a catarse e os efeitos cognitivos da poesia. A *Ética*, por sua vez, comparece para elucidar as relações entre o agir humano e a *týkhe*, por exemplo.

Enfim, Aristóteles é um sistema bastante coeso (embora aporético em certos pontos), e é preciso ter isso muito em conta na leitura da *Poética*, em especial, por ser esta provavelmente uma das suas últimas obras, herdeira de toda sua visão de mundo anteriormente exposta.

Sobre a arte poética

ΠΕΡΙ ΠΟΙΗΤΙΚΗΣ

1

Περὶ ποιητικῆς αὐτῆς τε καὶ τῶν εἰδῶν αὐτῆς, ἥν   1447 a
τινα δύναμιν ἕκαστον ἔχει, καὶ πῶς δεῖ συνίστασθαι τοὺς
μύθους, εἰ μέλλει καλῶς ἕξειν ἡ ποίησις, ἔτι δὲ ἐκ πόσων καὶ   10
ποίων ἐστὶ μορίων, ὁμοίως δὲ καὶ περὶ τῶν ἄλλων ὅσα τῆς
αὐτῆς ἐστι μεθόδου, λέγωμεν, ἀρξάμενοι κατὰ φύσιν πρῶ-
τον ἀπὸ τῶν πρώτων.

Ἐποποιία δὴ καὶ ἡ τῆς τραγῳδίας
ποίησις, ἔτι δὲ κωμῳδία καὶ ἡ διθυραμβοποιητικὴ καὶ τῆς
αὐλητικῆς ἡ πλείστη καὶ κιθαριστικῆς, πᾶσαι τυγχάνουσιν   15
οὖσαι μιμήσεις τὸ σύνολον. Διαφέρουσι δὲ ἀλλήλων τρισίν·
ἢ γὰρ τῷ ἐν ἑτέροις μιμεῖσθαι, ἢ τῷ ἕτερα, ἢ τῷ ἑτέ
ρως καὶ μὴ τὸν αὐτὸν τρόπον.

῞Ωσπερ γὰρ καὶ χρώμασι
καὶ σχήμασι πολλὰ μιμοῦνταί τινες ἀπεικάζοντες (οἱ μὲν
διὰ τέχνης οἱ δὲ διὰ συνηθείας) ἕτεροι δὲ διὰ τῆς φωνῆς,   20
οὕτω κἂν ταῖς εἰρημέναις τέχναις· ἅπασαι μὲν ποιοῦνται
τὴν μίμησιν ἐν ῥυθμῷ καὶ λόγῳ καὶ ἁρμονίᾳ, τούτοις δ᾽
ἢ χωρὶς ἢ μεμιγμένοις· οἷον ἁρμονίᾳ μὲν καὶ ῥυθμῷ χρώ-
μεναι μόνον ἥ τε αὐλητικὴ καὶ ἡ κιθαριστικὴ κἂν εἴ τινες
ἕτεραι τυγχάνωσιν οὖσαι τοιαῦται τὴν δύναμιν, οἷον ἡ τῶν   25
συρίγγων, αὐτῷ δὲ τῷ ῥυθμῷ [μιμοῦνται] χωρὶς ἁρμονίας
ἡ τῶν ὀρχηστῶν· καὶ γὰρ οὗτοι διὰ τῶν σχηματιζομένων
ῥυθμῶν μιμοῦνται καὶ ἤθη καὶ πάθη καὶ ‚πράξεις·

1447 a 12 λέγωμεν apogr.: λέγομεν A *et dicamus et dicimus* Ar ‖ 17 τῷ
ἐν ἑτέροις Forchhammer cf. *per alias res* Ar : τῷ γένει ἑτέροις A defendit
Bywater non obstante loco 1451 a 17 ubi γένει in A manifeste pro ἑνὶ
legitur ‖ 21 κἂν apogr.: καὶ A ‖ 25 τυγχάνουσιν apogr.: τυγχάνωσιν
A, sed secundum usum Aristotelis est scribere κἂν εἰ τυγχάνουσιν (v.
Bonitzii ind.) ‖ τοιαῦται apogr. = Ar símiles: om. A ‖ 26 μιμοῦνται A
secl. Spengel ‖ 27 ἡ τῶν ὀρχηστῶν = Ar *ars instrumenti saltationis*: οἱ
τῶν ὀρχ. A οἱ ⟨πολλοὶ⟩ τῶν ὀρχ. Heinsius αἱ τῶν ὀρχ. Reiz.

SOBRE A ARTE POÉTICA

Capítulo I – O princípio geral da arte poética: a *mímesis*,[1] os meios de mimetizar

Sobre a própria arte poética e as suas espécies, 1447 a
a potência[2] que cada uma delas tem e como é preciso
organizarem-se os *mŷthoi*,[3] se está destinada a ser 10
bela a composição poética, além de quantas e quais
são suas partes, igualmente sobre outros <tópicos>
quantos são próprios da investigação, falemos, con-
forme a natureza, primeiramente a partir das pri-
meiras <coisas>.

A epopeia, de fato, e a composição da tragédia
além da comédia e a ditirâmbica, da maior parte da
aulética e a citarística, todas são *miméseis*,[4] em geral. 15
Diferem umas e outras em três <aspectos>: por mi-
metizar ou por meios diferentes ou objetos diferentes
ou diferentemente e não do mesmo modo.

Assim como alguns mimetizam muitas coisas
retratando-as[5] tanto com cores quanto com figuras 20
(uns através da arte, outros através do hábito), mas
outros, através da voz, do mesmo modo também nas
artes que foram mencionadas; todas elas sem exce-
ção operam a *mímesis* por meio do ritmo, da lin-
guagem e da harmonia, estes ou separadamente ou
combinados; por exemplo, empregando a harmonia
e o ritmo apenas, a aulética e a citarística; igualmen-
te também se algumas forem semelhantes quanto 25
à potência, por exemplo, a arte da siringe; com o pró-
prio ritmo sem harmonia [mimetizam] os dançarinos
pois também estes, através do ritmo dos gestos, mi-
metizam caracteres, paixões e ações.

Ἡ δὲ
[ἐποποιία] μόνον τοῖς λόγοις ψιλοῖς ἢ τοῖς μέτροις, καὶ τού
τοις εἴτε μιγνῦσα μετ᾿ ἀλλήλων εἴθ᾿ ἑνί τινι γένει χρωμένη   1447 b
τῶν μέτρων <ἀνώνυμος> τυγχάνει οὖσα μέχρι τοῦ νῦν· Οὐδὲν
γὰρ ἂν ἔχοιμεν ὀνομάσαι κοινὸν τοὺς Σώφρονος καὶ Ξενάρχου   10
μίμους καὶ τοὺς Σωκρατικοὺς λόγους, οὐδὲ εἴ τις διὰ τριμέτρων
ἢ ἐλεγείων ἢ τῶν ἄλλων τινῶν τῶν τοιούτων ποιοῖτο τὴν
μίμησιν· πλὴν οἱ ἄνθρωποί γε συνάπτοντες τῷ μέτρῳ τὸ
ποιεῖν, ἐλεγειοποιοὺς τοὺς δὲ ἐποποιοὺς ὀνομάζουσιν, οὐχ ὡς
κατὰ τὴν μίμησιν ποιητὰς ἀλλὰ κοινῇ κατὰ τὸ μέτρον προ-   15
σαγορεύοντες·

Καὶ γὰρ ἂν ἰατρικὸν ἢ φυσικόν τι διὰ τῶν
μέτρων ἐκφέρωσιν, οὕτω καλεῖν εἰώθασιν· οὐδὲν δὲ κοινόν
ἐστιν Ὁμήρῳ καὶ Ἐμπεδοκλεῖ πλὴν τὸ μέτρον· διὸ τὸν μὲν
ποιητὴν δίκαιον καλεῖν, τὸν δὲ φυσιολόγον μᾶλλον ἢ ποιη
τήν· Ὁμοίως δὲ κἂν εἴ τις ἅπαντα τὰ μέτρα μιγνύων
ποιοῖτο τὴν μίμησιν, καθάπερ Χαιρήμων ἐποίησε Κένταυ   20
ρον μικτὴν ῥαψῳδίαν ἐξ ἁπάντων τῶν μέτρων, καὶ ποιητὴν
προσαγορευτέον·

Περὶ μὲν οὖν τούτων διωρίσθω τοῦτον τὸν
τρόπον· Εἰσὶ δέ τινες αἳ πᾶσι χρῶνται τοῖς εἰρημένοις,
λέγω δὲ οἷον ῥυθμῷ καὶ μέλει καὶ μέτρῳ, ὥσπερ ἥ τε
τῶν διθυραμβικῶν ποίησις καὶ ἡ τῶν νόμων καὶ ἥ τε τραγῳδία   25
καὶ ἡ κωμῳδία· διαφέρουσι δὲ ὅτι αἱ μὲν ἅμα πᾶσιν αἱ δὲ
κατὰ μέρος. Ταύτας μὲν οὖν λέγω τὰς διαφορὰς τῶν τεχνῶν
ἐν οἷς ποιοῦνται τὴν μίμησιν·

2

Ἐπεὶ δὲ μιμοῦνται οἱ μιμούμενοι πράττοντας, ἀνάγκη   1448 a
δὲ τούτους ἢ σπουδαίους ἢ φαύλους εἶναι (τὰ γὰρ ἤθη σχεδὸν

---

29 ἐποποιία A secl. Ueberweg, deest in Ar || 1447 b 9 ἀνώνυμος suppl.
Bernays; cf. Ar *quae sine nomine est adhuc* || τυγχάνει οὖσα Suckow:
τυγχάνουσα A, quod qui admittunt aliquid hic intercidisse statuunt.
|| 15 κατὰ τὴν apogr.: τὴν κατὰ A || 16 φυσικόν coniec Heinsius = Ar:
μουσικόν A quam lectionem falsam esse iam eius verbi post ἰατρικόν
situs satis demonstrat || 22 καὶ A: καὶ τοῦτον apogr. οὐκ ἤδη καὶ Ald
Egger καίτοι Rassow || 24 αἳ Ald: οἳ A.

32   FILŌ

Mas a <arte que mimetiza>[6] apenas com a linguagem simples ou com metros e nestes, seja combinando 1447 b uns com os outros, seja usando um único gênero de metro, encontra-se <inominada>[7] até agora. Pois não poderíamos denominar, em comum, nem os mimos 10 de Sófron e de Xenarco e os diálogos de Sócrates nem se alguém através do trímetro ou do elegíaco ou de alguns outros de tal classe fizesse a *mímesis*; exceto os homens em geral que, associando o fazer poético ao metro, denominam poetas elegíacos e poetas épicos, chamando-os assim poetas não conforme a *mímesis*, 15 mas, em comum, conforme o metro.[8]

Com efeito, se publicarem algo concernente à medicina e à natureza através de metro, assim se costuma chamá-los. Homero e Empédocles não possuem nada em comum, exceto o metro, por isso é justo chamar a um, poeta e a outro, de preferência, fisiólogo à poeta. Igualmente, mesmo se alguém, combinando todos os 20 metros sem exceção, fizer sua imitação como criou Queremón seu "Centauro",[9] rapsódia combinada de todos os metros, também deve ser chamado poeta.

Sobre isso, seja definido dessa maneira. Mas existem algumas artes que usam todos os meios já referidos, quero dizer o ritmo, a melodia e o metro como a poesia 25 dos ditirambos e nomos,[10] a tragédia e a comédia. Diferem porque umas usam todos <os meios> ao mesmo tempo, outras, conforme a parte.[11] Afirmo, sem dúvida, essas serem as diferenças dentre as artes pelos meios com que operam a *mímesis*.

Capítulo II – As artes miméticas segundo os objetos mimetizados

Uma vez que os que mimetizam, mimetizam 1448 a agentes,[12] é necessário serem estes ou nobres ou vis (os

ἀεὶ τούτοις ἀκολουθεῖ μόνοις· κακίᾳ γὰρ καὶ ἀρετῇ τὰ ἤθη
διαφέρουσι πάντες), ἤτοι βελτίονας ἢ καθ᾽ ἡμᾶς <μιμοῦνται> ἢ
χείρονας ἢ καὶ τοιούτους, ὥσπερ οἱ γραφεῖς· Πολύγνωτος μὲν 5
γὰρ κρείττους, Παύσων δὲ χείρους, Διονύσιος δὲ ὁμοίους
εἴκαζεν. Δῆλον δὲ ὅτι καὶ τῶν λεχθεισῶν ἑκάστη μιμήσεων
ἕξει ταύτας τὰς διαφοράς, καὶ ἔσται ἑτέρα τῷ ἕτερα μιμεῖσθαι
τοῦτον τὸν τρόπον.

Καὶ γὰρ ἐν ὀρχήσει καὶ αὐλήσει καὶ
κιθαρίσει ἔστι γενέσθαι ταύτας τὰς ἀνομοιότητας, καὶ περὶ 10
τοὺς λόγους δὲ καὶ τὴν ψιλομετρίαν, οἷον Ὅμηρος μὲν βελ-
τίους, Κλεοφῶν δὲ ὁμοίους, Ἡγήμων δὲ ὁ Θάσιος <ὁ> τὰς
παρῳδίας ποιήσας πρῶτος καὶ Νικοχάρης ὁ τὴν Δειλιάδα
χείρους. Ὁμοίως δὲ καὶ περὶ τοὺς διθυράμβους καὶ περὶ τοὺς
νόμους· ὥσπερ γὰρ Κύκλωπας Τιμόθεος καὶ Φιλόξενος, 15
μιμήσαιτο ἄν τις.

Ἐν δὲ τῇ αὐτῇ διαφορᾷ καὶ ἡ τραγῳ-
δία πρὸς τὴν κωμῳδίαν διέστηκεν· ἡ μὲν γὰρ χείρους ἡ δὲ
βελτίους μιμεῖσθαι βούλεται τῶν νῦν.

3

Ἔτι δὲ τούτων τρίτη διαφορά, τὸ ὡς ἕκαστα τούτων
μιμήσαιτο ἄν τις. Καὶ γὰρ ἐν τοῖς αὐτοῖς καὶ τὰ αὐτὰ 20
μιμεῖσθαι ἔστιν ὁτὲ μὲν ἀπαγγέλλοντα (ἢ ἕτερόν τι γιγνό-
μενον, ὥσπερ Ὅμηρος ποιεῖ, ἢ ὡς τὸν αὐτὸν καὶ μὴ με-
ταβάλλοντα), ἢ πάντας ὡς πράττοντας καὶ ἐνεργοῦντας τοὺς
μιμουμένους.

1448 a 4 μιμοῦνται ex Ar supplevi ‖ 8 τῷ apogr.: τὸ A ‖ 10 καὶ: καὶ τὸ
A καὶ τῷ Bywater, sed ex τὸ malim ταὐτὸ facere ‖ 12 ὁ ex apogr. add.
‖ 13 δειλιάδα (super ει scripsit man. rec. η) A: δελιάδα apogr. = Ar ut
videtur ‖ 15 ὥσπερ γὰρ coniec. Vahlen: ὥσπερ γᾶς A ὡς Πέρσας καὶ
coniec. Fr. Médici (v. adnot.) ὥσπερ Ἀπγᾶς Castelvetro Coll. Athen. XIV
638 b IV 131 b; plura deesse existimat Bywater ‖ Κύκλωπας: κυκλωπᾶς
A ‖ 16 τῇ αὐτῇ Vettori = Ar: αὐτῇ A ταύτῃ Casaubon ‖ 23 πάντας A=Ar:
πάντα Casaubon, Bywater.

caracteres, com efeito, quase sempre correspondem a esses únicos, pois todos diferem em vício e virtude quanto aos caracteres), e por certo ou melhores ou piores em relação a nós ou também tais quais nós, exatamente como os pintores <mimetizam>: Polignoto, por um lado, pintava-os melhores, Pauson, por outro, piores do que nós e Dionísio semelhantes a nós. É evidente que cada uma das *mimeseis* referidas possuirá essas diferenças e será distinta por meio de mimetizar coisas distintas desse modo.

Pois também na dança, na arte da flauta e da cítara é possível ocorrer essas dessemelhanças não só o que concerne à prosa, mas também à poesia sem acompanhamento de canto, por exemplo; Homero, por um lado, imitava melhores, Cleofonte, por outro, semelhantes, Hegêmon de Tasso, quem primeiro compôs paródias[13] e Nicocares, o autor da *Deleida*, piores; semelhantemente <é> o que concerne tanto aos ditirambos quantos aos nomos, pois alguém poderia mimetizar os Ciclopes exatamente como Timóteo e Filoxeno <mimetizaram>.

Na mesma distinção também, a tragédia está separada da comédia; uma, pois, visa imitar piores; outra, melhores que os de agora.

Capítulo III – A poesia mimética segundo o modo de mimetizar

Além dessas, existe uma terceira distinção, quanto ao modo por que[14] alguém poderia mimetizar cada uma dessas coisas. Com efeito, com os mesmos meios também é possível mimetizar as mesmas coisas; umas vezes as narrando (ou convertendo-se de certo modo, em outro, exatamente como compõe Homero, ou como o mesmo e não mudando), ou como agentes e atuantes todos os que são mimetizados.

Ἐν τρισὶ δὴ ταύταις διαφοραῖς ἡ μίμησίς ἐστιν, ὡς εἴπομεν κατ' ἀρχάς, ἐν οἷς τε <καὶ ἃ> καὶ ὥς. Ὥστε τῇ 25 μὲν ὁ αὐτὸς ἂν εἴη μιμητὴς Ὁμήρῳ Σοφοκλῆς, μιμοῦνται γὰρ ἄμφω σπουδαίους, τῇ δὲ Ἀριστοφάνει· πράττοντας γὰρ μιμοῦνται καὶ δρῶντας ἄμφω.

Ὅθεν καὶ δράματα καλεῖσθαί τινες αὐτά φασιν, ὅτι μιμοῦνται δρῶντας. Διὸ καὶ ἀντιποιοῦνται τῆς τε τραγῳδίας καὶ τῆς κωμῳδίας οἱ Δω- 30 ριεῖς (τῆς μὲν γὰρ κωμῳδίας οἱ Μεγαρεῖς, οἵ τε ἐνταῦθα ὡς ἐπὶ τῆς παρ' αὐτοῖς δημοκρατίας γενομένης καὶ οἱ ἐκ Σικελίας, ἐκεῖθεν γὰρ ἦν Ἐπίχαρμος ὁ ποιητής, πολλῷ πρότερος ὢν Χιωνίδου καὶ Μάγνητος, καὶ τῆς τραγῳδίας ἔνιοι τῶν ἐν Πελοποννήσῳ) ποιούμενοι τὰ ὀνόματα σημεῖον. Αὐτοὶ 35 μὲν γὰρ κώμας τὰς περιοικίδας καλεῖν φασιν, Ἀθηναίους δὲ δήμους, ὡς κωμῳδοὺς οὐκ ἀπὸ τοῦ κωμάζειν λεχθέντας, ἀλλὰ τῇ κατὰ κώμας πλάνῃ ἀτιμαζομένους ἐκ τοῦ ἄστεως· καὶ τὸ ποιεῖν αὐτοὶ μὲν δρᾶν, Ἀθηναίους δὲ πράττειν προ- 1448 b σαγορεύειν.

Περὶ μὲν οὖν τῶν διαφορῶν, καὶ πόσαι καὶ τίνες τῆς μιμήσεως, εἰρήσθω ταῦτα.

4

Ἐοίκασι δὲ γεννῆσαι μὲν ὅλως τὴν ποιητικὴν αἰτίαι 5 δύο τινές, καὶ αὗται φυσικαί. Τό τε γὰρ μιμεῖσθαι σύμφυτον τοῖς ἀνθρώποις ἐκ παίδων ἐστὶ (καὶ τούτῳ διαφέρουσι τῶν ἄλλων ζῴων ὅτι μιμητικώτατόν ἐστι καὶ τὰς μαθήσεις ποιεῖται διὰ μιμήσεως τὰς πρώτας), καὶ τὸ χαίρειν τοῖς μιμήμασι πάντας.

25 καὶ ἃ apog.: om. A ‖ 28 post καλεῖσθαι incipit B ‖ 34 Χιωνίδου Robortello = Ar: Χωνίδου AB ‖ 35 αὐτοὶ Spengel: οὗτοι AB ‖ 36 Ἀθηναίους Spengel: Ἀθηναῖοι AB ‖ 1448 b 5 αὗται apogr.: αὐταὶ AB ‖ 6 διαφέρουσι A: διαφέρει B.

Nessas três distinções, a mimetização é possível, como dissemos no princípio: nos meios, <nos objetos> 25 e no modo. De tal sorte, numa distinção, Sófocles seria o mesmo mimetizador que Homero, pois ambos mimetizam <caracteres> nobres; em outra distinção seria o mesmo mimetizador que Aristófanes, pois ambos mimetizam agentes e atuantes.[15]

Daí exatamente alguns afirmam serem essas <*miméseis*> chamadas drama porque mimetizam atuantes.[16] Por isso também reivindicam a tragédia e a comédia 30 os dórios (os megarenses, certamente, a comédia, e os daqui, sob a alegação de que <esta> surgiu no tempo da democracia deles; e os da Sicília, pois de lá era o poeta Epicarmo, sendo muito anterior a Quionidas e Magneto; e a tragédia <reivindicam> alguns dos do Peloponeso[17]) 35 tomando os nomes como prova. Eles em verdade afirmam nomear *kómas* as aldeias periféricas, por outro lado afirmam os atenienses chamá-las *démos* sob alegação de ter sido chamados comediantes não a partir de *komádzein*,[18] mas pela errância de aldeia em aldeia sofrendo a desonra da cidade; e afirmam eles chamar o fazer, por um lado, 1448 b *drân*, os atenienses, por outro, *práttein*.

Sem dúvida, fiquem ditas essas coisas sobre as distinções da *mímesis*, não só quantas, mas também quais são.

Capítulo IV – Origem, história e desenvolvimento da poesia

Parecem ter engendrado a arte poética duas causas e elas próprias naturais.[19] O ato de mimetizar é inato aos 5 homens desde a mais tenra infância e nisso diferem dos outros animais porque é o mais mimético e por meio da *mímesis* adquire também os primeiros conhecimentos e também quanto ao fato de todos se alegrarem com as mimetizações.

Σημεῖον δὲ τούτου τὸ συμβαῖνον
ἐπὶ τῶν ἔργων· ἃ γὰρ αὐτὰ λυπηρῶς ὁρῶμεν, τούτων τὰς 10
εἰκόνας τὰς μάλιστα ἠκριβωμένας χαίρομεν θεωροῦντες, οἷον
θηρίων τε μορφὰς τῶν ἀτιμοτάτων καὶ νεκρῶν.
Αἴτιον δὲ
καὶ τοῦτο ὅτι μανθάνειν οὐ μόνον τοῖς φιλοσόφοις ἥδιστον
ἀλλὰ καὶ τοῖς ἄλλοις ὁμοίως· ἀλλ᾽ ἐπὶ βραχὺ κοινωνοῦ-
σιν αὐτοῦ. Διὰ γὰρ τοῦτο χαίρουσι τὰς εἰκόνας ὁρῶντες, ὅτι 15
συμβαίνει θεωροῦντας μανθάνειν καὶ συλλογίζεσθαι τί ἕκα-
στον, οἷον ὅτι οὗτος ἐκεῖνος· ἐπεὶ ἐὰν μὴ τύχῃ προεωρακώς,
οὐχ ᾗ μίμημα ποιήσει τὴν ἡδονὴν ἀλλὰ διὰ τὴν ἀπερ-
γασίαν ἢ τὴν χροιὰν ἢ διὰ τοιαύτην τινὰ ἄλλην αἰτίαν.
Κατὰ φύσιν δὲ ὄντος ἡμῖν τοῦ μιμεῖσθαι καὶ τῆς ἁρμονίας 20
καὶ τοῦ ῥυθμοῦ (τὰ γὰρ μέτρα ὅτι μόρια τῶν ῥυθμῶν ἐστι,
φανερὸν) ἐξ ἀρχῆς οἱ πεφυκότες πρὸς αὐτὰ μάλιστα κατὰ
μικρὸν προάγοντες ἐγέννησαν τὴν ποίησιν ἐκ τῶν αὐτοσχε-
διασμάτων.
Διεσπάσθη δὲ κατὰ τὰ οἰκεῖα ἤθη ἡ ποίησις·
οἱ μὲν γὰρ σεμνότεροι τὰς καλὰς ἐμιμοῦντο πράξεις καὶ 25
τὰς τῶν τοιούτων, οἱ δὲ εὐτελέστεροι τὰς τῶν φαύλων,
πρῶτον ψόγους ποιοῦντες, ὥσπερ ἕτεροι ὕμνους καὶ ἐγκώμια.
Τῶν μὲν οὖν πρὸ Ὁμήρου οὐδενὸς ἔχομεν εἰπεῖν τοιοῦτον
ποίημα, εἰκὸς δὲ εἶναι πολλούς· ἀπὸ δὲ Ὁμήρου ἀρξαμένοις
ἔστιν, οἷον ἐκείνου ὁ Μαργίτης καὶ τὰ τοιαῦτα, ἐν οἷς κατὰ 30
τὸ ἁρμόττον καὶ τὸ ἰαμβεῖον ἦλθε μέτρον (διὸ καὶ ἰαμβεῖον κα-

10 αὐτὰ A: αὐτῶν B ‖ 18 οὐχ ᾗ plerique editt. G. Hermann auctore:
οὐχί AB servat Vahlen ‖ 22 οἱ πεφυκότες πρὸς αὐτὰ B = Ar (cf. Ref. *So-phist.* 183 b): πεφυκότες καὶ αὐτὰ A ‖ 25-26 σεμνότεροι ... εὐτελέστεροι
A: σεμ-νότερον ... εὐτελέστερον B ‖ 31 καὶ τὸ B confirm videtur Ar:
om. A.

Uma prova disso é o que acontece diante das obras <miméticas>; nós nos alegramos contemplando as imagens, sobretudo as feitas com a máxima precisão possível, daquelas coisas mesmas que olhamos com aflição, por exemplo, as feras menos valorizadas quanto às suas formas e os cadáveres.

E também causa disso é que aprender é agradabilíssimo não apenas aos filósofos, mas também aos outros igualmente, participando, <estes> contudo, disso em menor grau. Pois, por isso, alegram-se vendo as imagens porque acontece que os que contemplam aprendem e concluem o que <é> cada coisa, por exemplo, que este é aquele; porque, se por acaso alguém não as tiver visto antes, não produzirá prazer enquanto algo mimetizado, mas pelo acabamento ou pela cor ou por alguma outra causa semelhante.

Tendo nós por natureza[20] a faculdade de mimetizar, da harmonia e do ritmo (pois é evidente que os metros <são> partes do ritmo) desde o princípio os inclinados naturalmente sobretudo para essas coisas, evoluindo aos poucos, engendram a composição poética a partir da improvisação.[21]

Foi drasticamente separada, segundo os caracteres particulares, a poesia; com efeito, por um lado, os mais graves mimetizavam as belas ações dos de tal classe, por outro, os mais vulgares as dos vis compondo primeiramente invectivas exatamente como os outros, hinos e encômios.

Não podemos falar de um poema de tal tipo de nenhum <poeta> dos anteriores a Homero, mas é verossímil muitos existirem, mas nos é possível <falar> tendo começado a partir de Homero, por exemplo, o seu *Margites*[22] e poemas de tal tipo nos quais, segundo o que convém, surgiu o metro iâmbico (por isso é chamado

λεῖται νῦν), ὅτι ἐν τῷ μέτρῳ τούτῳ ἰάμβιζον ἀλλήλους. Καὶ ἐγένοντο τῶν παλαιῶν οἱ μὲν ἡρωικῶν οἱ δὲ ἰάμβων ποιηταί.

Ὥσπερ δὲ καὶ τὰ σπουδαῖα μάλιστα ποιητὴς Ὅμηρος ἦν (μόνος γὰρ οὐχ ὅτι εὖ, ἀλλ᾽ ὅτι καὶ μιμήσεις δραμα- 35 τικὰς ἐποίησεν), οὕτω καὶ τὰ τῆς κωμῳδίας σχήματα πρῶτος ὑπέδειξεν, οὐ ψόγον ἀλλὰ τὸ γελοῖον δραματοποιήσας· ὁ γὰρ Μαργίτης ἀνάλογον ἔχει, ὥσπερ Ἰλιὰς καὶ Ὀδύσσεια πρὸς τὰς τραγῳδίας, οὕτω καὶ οὗτος πρὸς 1449 a τὰς κωμῳδίας.

Παραφανείσης δὲ τῆς τραγῳδίας καὶ κωμῳδίας, οἱ ἐφ᾽ ἑκατέραν τὴν ποίησιν ὁρμῶντες κατὰ τὴν οἰκείαν φύσιν, οἱ μὲν ἀντὶ τῶν ἰάμβων κωμῳδοποιοὶ ἐγένοντο, οἱ δὲ ἀντὶ τῶν ἐπῶν τραγῳδοδιδάσκαλοι, διὰ τὸ 5 μείζωνα καὶ ἐντιμότερα τὰ σχήματα εἶναι ταῦτα ἐκείνων.

Τὸ μὲν οὖν ἐπισκοπεῖν ἆρ᾽ ἔχει ἤδη ἡ τραγῳδία τοῖς εἴδεσιν ἱκανῶς ἢ οὔ, αὐτό τε καθ᾽ αὑτὸ κρῖναι καὶ πρὸς τὰ θέατρα, ἄλλος λόγος.

Γενομένη δ᾽ οὖν ἀπ᾽ ἀρχῆς αὐτοσχεδιαστικῆς (καὶ αὐτὴ καὶ ἡ κωμῳδία, καὶ ἡ μὲν ἀπὸ 10 τῶν ἐξαρχόντων τὸν διθύραμβον, ἡ δὲ ἀπὸ τῶν τὰ φαλλικά, ἃ ἔτι καὶ νῦν ἐν πολλαῖς τῶν πόλεων διαμένει νομιζόμενα), κατὰ μικρὸν ηὐξήθη προαγόντων ὅσον ἐγίγνετο φανερὸν αὐτῆς, καὶ πολλὰς μεταβολὰς μεταβαλοῦσα ἡ τραγῳδία ἐπαύσατο, ἐπεὶ ἔσχε τὴν αὑτῆς φύσιν. 15

Καὶ τό τε τῶν ὑποκριτῶν πλῆθος ἐξ ἑνὸς εἰς δύο πρῶτος Αἰσχύλος ἤγαγε, καὶ τὰ τοῦ χοροῦ ἠλάττωσε, καὶ τὸν λόγον πρωταγωνιστὴν παρεσκεύασεν· τρεῖς δὲ καὶ σκηνογραφίαν

---

35 ἀλλ᾽ ὅτι καὶ A cf. *Wiener Stud.* 1917, p. 69: ἀλλὰ καὶ B || 38 ὁ γὰρ B: τὸ γὰρ A || 1449 a 6 μείζονα apogr.: μεῖζον A μείζω B || 7 ἆρ᾽ ἔχει B = Ar: παρέχει A || 8 κρῖναι Forchhammer: κρίνεται ἢ ναὶ A κρίνεται εἶναι B quas lectiones genuit sane dittographia κρῖναι εἶναι || 12 διαμένει apogr.: διαμένειν AB.

hoje iâmbico) porque neste metro se zombavam mutuamente.[23] E entre os antigos, uns foram poetas de versos heroicos, outros de iambos.

Assim como Homero era o melhor poeta em relação às coisas elevadas (pois, como único, compôs não só bem, mas também *miméseis* dramáticas), do mesmo modo como primeiro mostrou as formas da comédia, pondo em ação não a invectiva, mas o risível. Pois o *Margites* guarda uma proporção, assim como a *Ilíada* e a *Odisseia* em relação às tragédias, assim também aquele em relação às comédias.[24]   35   1449 a

Uma vez aparecidas a tragédia e a comédia, os que se lançam em direção a cada composição segundo sua natureza particular, uns em vez de iambos tornam-se compositores de comédias, outros, em lugar de versos épicos, mestres de tragédias, pelo fato de ser essas formas melhores e mais estimadas do que aquelas.[25]   5

Então, quanto a examinar se a tragédia já está suficientemente desenvolvida em suas espécies ou não, \<se\> se julga a tragédia ser algo em si mesmo e em relação aos teatros[26] é uma outra discussão.

Tendo surgido então a partir de um princípio improvisado (tanto ela mesma[27] quanto a comédia, uma a partir dos solistas do ditirambo, outra dos solistas dos cantos fálicos, os quais ainda agora perduram como costume em muitas cidades), desenvolveu-se pouco a pouco, os solistas levando adiante tudo quanto nela se tornava manifesto; e tendo passado por muitas mudanças, a tragédia parou de se modificar, uma vez que obteve a natureza dela própria.   10   15

E, quanto ao número de atores, Ésquilo primeiro o elevou de um para dois, diminuiu as intervenções do coro e tornou o diálogo protagonista; Sófocles, por outro lado, elevou de dois para três e preparou a cenografia.

Σοφοκλῆς. Ἔτι δὲ τὸ μέγεθος ἐκ μικρῶν μύθων καὶ λέξεως γελοίας, διὰ τὸ ἐκ σατυρικοῦ μεταβαλεῖν ὀψὲ ἀπε- 20
σεμνύνθη, τό τε μέτρον ἐκ τετραμέτρου ἰαμβεῖον ἐγένετο·
τὸ μὲν γὰρ πρῶτον τετραμέτρῳ ἐχρῶντο διὰ τὸ σατυρικὴν
καὶ ὀρχηστικωτέραν εἶναι τὴν ποίησιν, λέξεως δὲ γενομένης
αὐτὴ ἡ φύσις τὸ οἰκεῖον μέτρον εὗρεν· μάλιστα γὰρ λεκτι-
κὸν τῶν μέτρων τὸ ἰαμβεῖόν ἐστιν. Σημεῖον δὲ τούτου· 25
πλεῖστα γὰρ ἰαμβεῖα λέγομεν ἐν τῇ διαλέκτῳ τῇ πρὸς
ἀλλήλους, ἑξάμετρα δὲ ὀλιγάκις καὶ ἐκβαίνοντες τῆς λε-
κτικῆς ἁρμονίας.

Ἔτι δὲ ἐπεισοδίων πλήθη καὶ τὰ ἄλλα
ὡς ἕκαστα κοσμηθῆναι λέγεται, ἔστω ἡμῖν εἰρημένα· πολὺ
γὰρ ἂν ἴσως ἔργον εἴη διεξιέναι καθ' ἕκαστον. 30

5

Ἡ δὲ κωμῳδία ἐστὶν, ὥσπερ εἴπομεν, μίμησις φαυ-
λοτέρων μέν, οὐ μέντοι κατὰ πᾶσαν κακίαν, ἀλλὰ τοῦ
αἰσχροῦ ἐστι τὸ γελοῖον μόριον. Τὸ γὰρ γελοῖόν ἐστιν ἁμάρ-
τημά τι καὶ αἶσχος ἀνώδυνον καὶ οὐ φθαρτικόν, οἷον
εὐθὺς τὸ γελοῖον πρόσωπον αἰσχρόν τι καὶ διεστραμμένον 35
ἄνευ ὀδύνης.

Αἱ μὲν οὖν τῆς τραγῳδίας μεταβάσεις, καὶ
δι' ὧν ἐγένοντο οὐ λελήθασιν, ἡ δὲ κωμῳδία διὰ τὸ μὴ
σπουδάζεσθαι ἐξ ἀρχῆς ἔλαθεν· καὶ γὰρ χορὸν κωμῳδῶν 1449 b
ὀψέ ποτε ὁ ἄρχων ἔδωκεν, ἀλλ' ἐθελονταὶ ἦσαν. Ἤδη δὲ
σχήματά τινα αὐτῆς ἐχούσης οἱ λεγόμενοι αὐτῆς ποιηταὶ
μνημονεύονται.

---

27 ἑξάμετρα AB: τετράμετρα Winstanley || 30 διεξιέναι A: διιέναι
B || 35 τό γελοῖον A: γελοῖον B || 1449 b 1 κωμῳδῶν A: κωμῳδίας B
κωμῳδοῖς Bernhardy.

Ademais, a magnitude a partir dos pequenos *mýthos* e de uma elocução risível por evolver a partir do satí- 20 rico foi solenizada mais tarde, e o metro tornou-se o iâmbico, a partir do tetrâmetro. Primeiramente, com efeito, usavam o tetrâmetro por ser satírica a poesia e mais próxima da dança; tendo desenvolvido o diálogo, a própria natureza encontrou o modo apropriado; pois o iâmbico é, entre os metros, o mais próprio para a fala; é sinal disso que, com efeito, falamos muito fre- 25 quentemente iambos na conversa uns com os outros e raramente hexâmetros, afastando-nos do tempera- mento da conversa.

E, além disso, quanto à quantidade de episódios e quanto às demais partes, como se diz que cada uma foi belamente organizada, fiquem essas coisas ditas por nós. Pois, seria um grande trabalho discorrer sobre 30 cada uma.

Capítulo V – Desenvolvimento da comédia e comparação entre epopeia e tragédia

A comédia é, como dissemos, *mímesis* de homens mais vis, mas não em relação a qualquer vício, mas <em relação> à parte do feio <que> é o risível. Pois o risível é um defeito e uma fealdade não apenas indolor, mas também não destrutiva, como, num exemplo mais à mão, a máscara cômica é algo feio e distorcido sem dor. 35

Então, as transformações da tragédia e <as causas> pelas quais surgiram não <nos> passaram desperce- bidas, mas a comédia,[28] por não ser levada a sério no 1449 b princípio, passou despercebida. Com efeito, só mais tarde o arconte forneceu um coro de comediantes, mas até então eram voluntários. E, por esse tempo, quando a comédia adquire certas configurações, os que são chamados seus poetas são lembrados.

Τίς δὲ πρόσωπα ἀπέδωκεν ἢ προλόγους ἢ πλήθη ὑποκριτῶν καὶ ὅσα τοιαῦτα, ἠγνόηται· τὸ δὲ μύ- 5 θους ποιεῖν Ἐπίχαρμος καὶ Φόρμις. Τὸ μὲν ἐξ ἀρχῆς ἐκ Σικελίας ἦλθεν, τῶν δὲ Ἀθήνησιν Κράτης πρῶτος ἦρξεν ἀφέμενος τῆς ἰαμβικῆς ἰδέας καθόλου ποιεῖν λόγους καὶ μύθους.

Ἡ μὲν οὖν ἐποποιία τῇ τραγῳδίᾳ μέχρι μὲν τοῦ μετὰ 10 μέτρου λόγῳ μίμησις εἶναι σπουδαίων ἠκολούθησεν· τῷ δὲ τὸ μέτρον ἁπλοῦν ἔχειν καὶ ἀπαγγελίαν εἶναι, ταύτῃ διαφέρουσιν. Ἔτι δὲ τῷ μήκει· ἡ μὲν <γὰρ> ὅτι μάλιστα πειρᾶται ὑπὸ μίαν περίοδον ἡλίου εἶναι ἢ μικρὸν ἐξαλλάττειν, ἡ δὲ ἐποποιία ἀόριστος τῷ χρόνῳ, καὶ τούτῳ διαφέρει. Καίτοι 15 τὸ πρῶτον ὁμοίως ἐν ταῖς τραγῳδίαις τοῦτο ἐποίουν καὶ ἐν τοῖς ἔπεσιν.

Μέρη δ᾽ ἐστὶ τὰ μὲν ταὐτά, τὰ δὲ ἴδια τῆς τραγῳδίας. Διόπερ ὅστις περὶ τραγῳδίας οἶδε σπουδαίας καὶ φαύλης, οἶδε καὶ περὶ ἐπῶν· ἃ μὲν γὰρ ἐποποιία ἔχει, ὑπάρχει τῇ τραγῳδίᾳ, ἃ δὲ αὐτῇ, οὐ πάντα ἐν τῇ 20 ἐποποιίᾳ.

6

Περὶ μὲν οὖν τῆς ἐν ἑξαμέτροις μιμητικῆς καὶ περὶ κωμῳδίας ὕστερον ἐροῦμεν, περὶ δὲ τραγῳδίας λέγωμεν, ἀπολαβόντες αὐτῆς ἐκ τῶν εἰρημένων τὸν γινόμενον ὅρον τῆς οὐσίας. Ἔστιν οὖν τραγῳδία μίμησις πράξεως σπουδαίας καὶ τελείας, μέγεθος ἐχούσης, ἡδυσμένῳ λόγῳ, χωρὶς ἑκά- 25 στῳ τῶν εἰδῶν ἐν τοῖς μορίοις, δρώντων καὶ οὐ δι᾽ ἀπαγγελίας, δι᾽ ἐλέου καὶ φόβου περαίνουσα τὴν τῶν τοιούτων

6 Ἐπίχαρμος καὶ Φόρμις ΑΒ, habuisse Σ opinatur Tkatsh: secl. Susemihl, dubitanter servamus; excidisse aliquam sententiam statuit Bywater || 9 μὲν τοῦ μετὰ μέτρου Thurot: μόνου μέτρου μεγάλου Α μόνου μέτρου μετὰ λόγου Β de metro eum sermone Ar μόνον τοῦ μέτρῳ corr. Tyrwhitt, alii aliter || 12 γὰρ ex apogr.: suppl. = Ar || 19 αὐτὴ apogr.: αὐτῇ Α || 21 μὲν Β: om. Α || 23 ἀπολαβόντες ΑΒ: ἀναλαβόντες corr. Bernays || 25 ἑκάστῳ Reiz: ἑκαστου ΑΒ = Ar.

E quem introduziu máscaras, prólogos e quan- 5
tidade de atores[29] e quantos elementos semelhantes,
não se sabe; mas, quanto a compor mitos, Epicarmo
e Fórmis <o fizeram>.[30] Por um lado, <o compor mi-
tos>, no princípio, veio da Sicília; por outro, entre os
atenienses, Crates por primeiro começou, abandonando
a forma iâmbica, a compor argumentos e *mŷthoi* de
caráter universal.

Então, a epopeia acompanhou[31] a tragédia somen-
te na medida de ser, com metro e linguagem, *mímesis* 10
de <ações>[32] elevadas; mas, pelo fato de ter o metro
único e de ser uma narração, desse modo diferem;[33] e,
além disso em extensão: enquanto a tragédia se esforça o
mais possível para durar uma única revolução do sol ou
<dela> afastar-se pouco, a epopeia é ilimitada no tempo
e nisso diferem, embora, no início de modo semelhante, 15
nas tragédias isso faziam como nos poemas épicos.

E, quanto às partes, umas são as mesmas e outras
próprias da tragédia; por isso quem sobre uma tragédia
sabe ser boa ou má o sabe também sobre <os poemas>
épicos; pois as partes que a epopeia tem existem na
tragédia e as que existem nessa, nem todas subsistem 20
na epopeia.[34]

Capítulo VI – Definição de tragédia: explicação de suas partes qualitativas

Então, sobre a arte mimética em hexâmetros e
sobre a comédia, falaremos depois;[35] sobre a tragédia
falemos, tomando a definição resultante de sua essência,
a partir do que foi dito. Por conseguinte, é a tragédia
mímesis de ação elevada e completa, com certa extensão, 25
com linguagem ornamentada[36] separadas cada uma de
suas espécies <de ornamentos> em suas partes, atuando
<os agentes> e não mediante narrativa, <que,> mediante

παθημάτων κάθαρσιν. Λέγω δὲ ἡδυσμένον μὲν λόγον τὸν
ἔχοντα ῥυθμὸν καὶ ἁρμονίαν καὶ μέλος, τὸ δὲ χωρὶς τοῖς
εἴδεσι τὸ διὰ μέτρων ἔνια μόνον περαίνεσθαι καὶ πάλιν ἕτερα   30
διὰ μέλους.

Ἐπεὶ δὲ πράττοντες ποιοῦνται τὴν μίμησιν, πρῶ-
τον μὲν ἐξ ἀνάγκης ἂν εἴη τι μόριον τραγῳδίας ὁ τῆς
ὄψεως κόσμος, εἶτα μελοποιία καὶ λέξις· ἐν τούτοις γὰρ
ποιοῦνται τὴν μίμησιν. Λέγω δὲ λέξιν μὲν αὐτὴν τὴν τῶν
μέτρων σύνθεσιν, μελοποιίαν δὲ ὃ τὴν δύναμιν φανερὰν   35
ἔχει πᾶσαν. Ἐπεὶ δὲ πράξεώς ἐστι μίμησις, πράττεται δὲ
ὑπὸ τινῶν πραττόντων, οὓς ἀνάγκη ποιούς τινας εἶναι κατά
τε τὸ ἦθος καὶ τὴν διάνοιαν (διὰ γὰρ τούτων καὶ τὰς
πράξεις εἶναί φαμεν ποιάς τινας), πέφυκεν αἴτια δύο τῶν   1450 a
πράξεων εἶναι, διάνοια καὶ ἦθος, καὶ κατὰ ταύτας καὶ
τυγχάνουσι καὶ ἀποτυγχάνουσι πάντες. Ἔστι δὲ τῆς μὲν
πράξεως ὁ μῦθος ἡ μίμησις· λέγω γὰρ μῦθον τοῦτον τὴν
σύνθεσιν τῶν πραγμάτων, τὰ δὲ ἤθη, καθ᾽ ὃ ποιούς τινας   5
εἶναί φαμεν τοὺς πράττοντας, διάνοιαν δέ, ἐν ὅσοις λέγον-
τες ἀποδεικνύασί τι ἢ καὶ ἀποφαίνονται γνώμην.

Ἀνάγκη
οὖν πάσης τραγῳδίας μέρη εἶναι ἕξ, καθ᾽ ὃ ποιά τις ἐστὶν
ἡ τραγῳδία· ταῦτα δ᾽ ἐστὶ μῦθος καὶ ἤθη καὶ λέξις καὶ
διάνοια καὶ ὄψις καὶ μελοποιία. Οἷς μὲν γὰρ μιμοῦνται,   10
δύο μέρη ἐστίν, ὡς δὲ μιμοῦνται, ἕν, ἃ δὲ μιμοῦνται, τρία
καὶ παρὰ ταῦτα οὐδέν. Τούτοις μὲν οὖν <πάντες> [οὐκ ὀλίγοι
αὐτῶν] ὡς εἰπεῖν κέχρηνται τοῖς εἴδεσιν· καὶ γὰρ ὄψις ἔχει
πᾶν καὶ ἦθος καὶ μῦθον καὶ λέξιν καὶ μέλος καὶ διάνοιαν ὡσαύ-
τως.

---

28 παθημάτων B = Ar: μαθημάτων A. ‖ 36 πᾶσαν AB: πᾶσιν Madius
‖ 1450 a 2 (et infra 6) διάνοιαν A διάνοια B ‖ ταύτας καὶ A ταῦτα B ‖ 8
καθ᾽ ἃ ποιά apogr.: καθοποία A ‖ 12 πάντες ὡς εἰπεῖν post multos scripsi,
seclusis tamquam glossemate verbis οὐκ ὀλίγοι αὐτῶν quae desunt in
Ar; ὡς εἰπεῖν post ὄψεις ἔχει πᾶν collocandum esse coniec Bywater.

compaixão e terror, leva a cabo a catarse de tais afecções. E quero dizer com "linguagem ornamentada" a que tem ritmo, harmonia e melodia[37] e com "por meio da separação nas espécies <de ornamentos>", o fato de se realizarem umas <partes> mediante metros, e outras, 30 por seu turno, mediante melodia.

E, uma vez que agentes fazem a mímesis, em primeiro lugar, necessariamente, uma parte da tragédia seria a organização do espetáculo, em seguida a melopeia e a elocução, pois com esses <meios> fazem a *mímesis*. E denomino "elocução" a própria composição dos metros[38] e "melopeia" aquilo que tem um significado 35 totalmente claro.[39] E, uma vez que é *mímesis* de ação, e é praticada por certos agentes, os quais é necessário serem quais <são> pelo caráter e pelo pensamento (com efeito, por causa destes, dizemos serem também as ações tais ou 1450 a quais[40]), duas causas das ações são dispostas por natureza para existirem, pensamento e caráter, e segundo estas, ora são bem-sucedidos ora malsucedidos[41] todos.[42] Mas o *mŷthos* é a *mímesis* da ação, pois denomino *mŷthos* a isto: a organização das ações e caráter segundo aquilo 5 que dizemos serem os agentes, quais <são>, e pensamento, aquilo por meio de que os falantes revelam algo ou também dão sua opinião.[43]

É necessário, então, serem seis as partes de toda tragédia, por causa das quais a tragédia é um qual;[44] e essas são mito, caracteres, elocução, pensamento, espe- 10 táculo e melopeia. Com efeito, os meios que mimetizam são duas partes, o modo de mimetizar, uma, e as coisas que mimetizam, três, e além dessas, nenhuma. Dessas partes, certamente, se serviram <todos> [ou não poucos dentre os poetas], como se diz; pois <a tragédia>, como um todo, tem espetáculo, caráter, *mŷthos*, elocução, melopeia e pensamento, igualmente.

Μέγιστον δὲ τούτων ἐστὶν ἡ τῶν πραγμάτων σύστασις· 15
ἡ γὰρ τραγῳδία μίμησίς ἐστιν οὐκ ἀνθρώπων ἀλλὰ πρά-
ξεως καὶ βίου καὶ εὐδαιμονίας <καὶ κακοδαιμονίας· ἡ δὲ εὐδαι-
μονία> καὶ ἡ κακοδαιμονία ἐν πράξει ἐστί, καὶ τὸ τέλος πρᾶξίς
τις ἐστίν, οὐ ποιότης. Εἰσὶ δὲ κατὰ μὲν τὰ ἤθη ποιοί τινες,
κατὰ δὲ τὰς πράξεις εὐδαίμονες ἢ τοὐναντίον. Οὔκουν ὅπως τὰ 20
ἤθη μιμήσωνται πράττουσιν, ἀλλὰ τὰ ἤθη συμπεριλαμβάνουσι
διὰ τὰς πράξεις. Ὥστε τὰ πράγματα καὶ ὁ μῦθος τέλος
τῆς τραγῳδίας· τὸ δὲ τέλος μέγιστον ἁπάντων.

Ἔτι ἄνευ
μὲν πράξεως οὐκ ἂν γένοιτο τραγῳδία, ἄνευ δὲ ἠθῶν γέ-
νοιτ' ἄν. Αἱ γὰρ τῶν νέων τῶν πλείστων ἀήθεις τραγῳδίαι 25
εἰσί, καὶ ὅλως ποιηταὶ πολλοὶ τοιοῦτοι, οἷον καὶ τῶν γρα-
φέων Ζεῦξις πρὸς Πολύγνωτον πέπονθεν· ὁ μὲν γὰρ Πο
λύγνωτος ἀγαθὸς ἠθογράφος, ἡ δὲ Ζεύξιδος γραφὴ οὐδὲν
ἔχει ἦθος.

Ἔτι ἐάν τις ἐφεξῆς θῇ ῥήσεις ἠθικὰς καὶ λέξει
καὶ διανοίᾳ εὖ πεποιημένας, οὐ ποιήσει ὃ ἦν τῆς τραγῳ- 30
δίας ἔργον, ἀλλὰ πολὺ μᾶλλον ἡ καταδεεστέροις τούτοις
κεχρημένη τραγῳδία, ἔχουσα δὲ μῦθον καὶ σύστασιν πρα-
γμάτων. Πρὸς δὲ τούτοις τὰ μέγιστα οἷς ψυχαγωγεῖ ἡ
τραγῳδία, τοῦ μύθου μέρη ἐστίν, αἵ τε περιπέτειαι καὶ ἀνα-
γνωρίσεις.

Ἔτι σημεῖον ὅτι καὶ οἱ ἐγχειροῦντες ποιεῖν πρό- 35
τερον δύνανται τῇ λέξει καὶ τοῖς ἤθεσιν ἀκριβοῦν ἢ τὰ
πράγματα συνίστασθαι, οἷον καὶ οἱ πρῶτοι ποιηταὶ σχεδὸν
ἅπαντες.

Ἀρχὴ μὲν οὖν καὶ οἷον ψυχὴ ὁ μῦθος τῆς τρα-
γῳδίας, δεύτερον δὲ τὰ ἤθη. Παραπλήσιον γάρ ἐστι καὶ
ἐπὶ τῆς γραφικῆς· εἰ γάρ τις ἐναλείψειε τοῖς καλλίστοις 1450 b
φαρμάκοις χύδην, οὐκ ἂν ὁμοίως εὐφράνειεν καὶ λευκο-

---

17 καὶ εὐδαιμονίας A: καὶ εὐδαιμονία B = Ar || καὶ κακοδαιμονίας· ἡ
δὲ εὐδαιμονία suppl. Vahlen || 18 καὶ ἡ A: καὶ B || 29 λέξει καὶ διανοίᾳ
Vahlen: λέξεις καὶ διανοίας AB || 30 οὐ B = Ar: om. A.

E a mais importante dessas partes é a organização 15
das ações;[45] pois a tragédia é *mímesis* não de homens,[46]
mas de ação e vida, e tanto a felicidade quanto a infe-
licidade estão na ação e a finalidade é uma ação, não
uma qualidade.[47] E alguns <agentes> são tais ou quais
segundo seus caracteres, e segundo suas ações <são> fe- 20
lizes ou o contrário. Portanto, não agem para mimetizar
os caracteres, mas assumem os caracteres por causa das
ações[48] de modo que as ações e o *mŷthos* são a finalidade
da tragédia e a finalidade é o mais importante de tudo.[49]

Além disso, sem ação não poderia haver tragédia,
mas sem caracteres poderia; com efeito, as tragédias da 25
maioria dos autores mais novos são privadas de carac-
teres e, em geral, muitos poetas <são> desse tipo, como
também entre os pintores ocorreu a Zêuxis em relação a
Polignoto;[50] pois enquanto Polignoto <é> bom pintor de
caracteres, a pintura de Zêuxis não tem nenhum caráter.

Além disso, caso alguém coloque em ordem falas
exprimindo caráter, elocuções e pensamentos bem com- 30
postos, não produzirá aquilo que era a obra peculiar da
tragédia, mas muito mais <a produzirá> a tragédia que
utilizou escassamente esses meios, tendo, entretanto,
mŷthos e a organização das ações. E, ademais, os prin-
cipais meios pelos quais a tragédia atrai a alma[51] são
partes do *mŷthos:* as peripécias e os reconhecimentos.

Ainda <é> prova <disso> que também os prin- 35
cipiantes em compor são capazes de se desempenhar
com acuidade antes na elocução e nos caracteres do
que em organizar as ações, como também quase todos
os primeiros[52] poetas.

Então, o *mŷthos* é o princípio e <é> como a alma
da tragédia, em segundo lugar, os caracteres[53] (com
efeito, é quase o mesmo também na pintura;[54] pois,
se alguém juntasse confusamente as mais belas tintas, 1450 b

γραφήσας εἰκόνα. Ἔστι τε μίμησις πράξεως καὶ διὰ ταύτην μάλιστα τῶν πραττόντων.

Τρίτον δὲ ἡ διάνοια. Τοῦτο δ' ἐστὶ τὸ λέγειν δύνασθαι τὰ ἐνόντα καὶ τὰ ἁρμόττοντα, 5 ὅπερ ἐπὶ τῶν λόγων τῆς πολιτικῆς καὶ ῥητορικῆς ἔργον ἐστίν· οἱ μὲν γὰρ ἀρχαῖοι πολιτικῶς ἐποίουν λέγοντας, οἱ δὲ νῦν ῥητορικῶς.

Ἔστι δὲ ἦθος μὲν τὸ τοιοῦτον ὃ δηλοῖ τὴν προαίρεσιν, ὁποία τις, ἐν οἷς οὐκ ἔστι δῆλον, ἢ προαιρεῖται ἢ φεύγει (διόπερ οὐκ ἔχουσιν ἦθος τῶν λόγων ἐν οἷς 10 μηδ' ὅλως ἔστιν ὅ τι προαιρεῖται ἢ φεύγει ὁ λέγων). Διάνοια δὲ, ἐν οἷς ἀποδεικνύουσί τι ὡς ἔστιν ἢ ὡς οὐκ ἔστιν, ἢ καθόλου τι ἀποφαίνονται.

Τέταρτον δὲ τῶν ἐν λόγῳ ἡ λέξις· λέγω δέ, ὥσπερ πρότερον εἴρηται, λέξιν εἶναι τὴν διὰ τῆς ὀνομασίας ἑρμηνείαν, ὃ καὶ ἐπὶ τῶν ἐμμέτρων καὶ 15 ἐπὶ τῶν λόγων ἔχει τὴν αὐτὴν δύναμιν.

Τῶν δὲ λοιπῶν [πέντε] ἡ μελοποιία μέγιστον τῶν ἡδυσμάτων. Ἡ δὲ ὄψις ψυχαγωγικὸν μέν, ἀτεχνότατον δὲ καὶ ἥκιστα οἰκεῖον τῆς ποιητικῆς· ἡ γὰρ τῆς τραγῳδίας δύναμις καὶ ἄνευ ἀγῶνος καὶ ὑποκριτῶν ἔστιν. Ἔτι δὲ κυριωτέρα περὶ τὴν ἀπεργασίαν 20 τῶν ὄψεων ἡ τοῦ σκευοποιοῦ τέχνη τῆς τῶν ποιητῶν ἐστιν.

7

Διωρισμένων δὲ τούτων, λέγωμεν μετὰ ταῦτα ποίαν τινὰ δεῖ τὴν σύστασιν εἶναι τῶν πραγμάτων, ἐπειδὴ τοῦτο καὶ πρῶτον καὶ μέγιστον τῆς τραγῳδίας ἐστίν.

1450 b 9 ἐν οἷς ... φεύγει deest in Ar; verba ἐν οἷς οὐκ ἔστι δῆλον ἢ aliqui infra, post τῶν λόγων, transferunt || 11 τι apogr.: τις Α || 13 ἐν λόγῳ Bywater (J. of Philology 5 p. 119): μὲν λόγων ΑΒ λεγομένων Gomperz || 16 ἐπὶ τῶν λόγων ΑΒ: ἐπὶ τῶν <φιλῶν> λόγων Susemihl ἐπὶ τῶν ἀμέτπων λόγων habebat Σ (cf. 1451 b 1) fortasse recte || 17 πέντε Α deest in Β Ar secl. Spengel || ἡ δὲ ὄψις Α: αἱ δὲ ὄψεις Β || 19 ἡ γὰρ Β: ὡς γὰρ Α defendit Vahlen ἴσως coniec. Meiser.

não agradaria do mesmo modo que tendo pintado em branco uma imagem); <tragédia> é *mímesis* de ação e por causa desta sobretudo, <*mímesis*> dos agentes.[55]

E, em terceiro lugar, o pensamento; e este é o fato de ser capaz de dizer o que <é> inerente à ação e o que convém, aquilo que, em relação aos discursos, é obra da arte política e da arte retórica; com efeito, os antigos compunham <seus agentes> falando politicamente[56] e os de hoje, retoricamente.

E caráter é aquilo que manifesta a escolha deliberada, quais coisas alguém, nas situações em que não está claro, prefere ou evita (por isso não têm caráter <aquelas> entre as falas nas quais não há absolutamente nada que prefira ou evite o falante). E pensamento existe nos que demonstram que algo é ou não é ou em geral declaram algo.[57]

E em quarto lugar entre as partes do discurso está a elocução e afirmo, como ficou dito antes, a elocução ser a expressão do pensamento por meio da palavra,[58] o que tanto em versos quanto em prosa tem a mesma potência.

E das partes restantes, a melopeia é o mais importante dos ornamentos, enquanto o espetáculo é o mais sedutor, mas também o menos artístico e menos próprio da arte poética,[59] pois a potência da tragédia mesmo sem concurso dramático e sem atores existe, e, ademais, é mais relevante, em relação à montagem dos espetáculos, a arte do cenógrafo que a dos poetas.

Capítulo VII – Sobre a totalidade do *mŷthos* e a organização das ações

Feitas essas distinções, digamos, além delas, qual deve ser a organização das ações, uma vez que isso é não só o primeiro, mas o mais importante da tragédia.

Κεῖται δ᾽
ἡμῖν τὴν τραγῳδίαν τελείας καὶ ὅλης πράξεως εἶναι μί- 25
μησιν, ἐχούσης τι μέγεθος· ἔστι γὰρ ὅλον καὶ μηδὲν ἔχον
μέγεθος. Ὅλον δ᾽ ἐστὶ τὸ ἔχον ἀρχὴν καὶ μέσον καὶ τε-
λευτήν. Ἀρχὴ δ᾽ ἐστιν ὃ αὐτὸ μὲν μὴ ἐξ ἀνάγκης μετ᾽
ἄλλο ἐστί, μετ᾽ ἐκεῖνο δ᾽ ἕτερον πέφυκεν εἶναι ἢ γίνεσθαι·
τελευτὴ δὲ τοὐναντίον ὃ αὐτὸ μετ᾽ ἄλλο πέφυκεν εἶναι, ἢ 30
ἐξ ἀνάγκης ἢ ὡς ἐπὶ τὸ πολύ, μετὰ δὲ τοῦτο ἄλλο οὐδέν·
μέσον δὲ ὃ καὶ αὐτὸ μετ᾽ ἄλλο καὶ μετ᾽ ἐκεῖνο ἕτερον.
Δεῖ ἄρα τοὺς συνεστῶτας εὖ μύθους μήθ᾽ ὁπόθεν ἔτυχεν
ἄρχεσθαι μήθ᾽ ὅπου ἔτυχε τελευτᾶν, ἀλλὰ κεχρῆσθαι ταῖς
εἰρημέναις ἰδέαις.

Ἔτι δ᾽ ἐπεὶ τὸ καλὸν καὶ ζῷον καὶ ἅπαν 35
πρᾶγμα ὃ συνέστηκεν ἐκ τινῶν, οὐ μόνον ταῦτα τεταγμένα
δεῖ ἔχειν, ἀλλὰ καὶ μέγεθος ὑπάρχειν μὴ τὸ τυχόν· τὸ
γὰρ καλὸν ἐν μεγέθει καὶ τάξει ἐστί, διὸ οὔτε πάμμικρον
ἄν τι γένοιτο καλὸν ζῷον (συγχεῖται γὰρ ἡ θεωρία ἐγγὺς
τοῦ ἀναισθήτου χρόνου γινομένη) οὔτε παμμέγεθες (οὐ γὰρ 40
ἅμα ἡ θεωρία γίνεται, ἀλλ᾽ οἴχεται τοῖς θεωροῦσι τὸ ἓν 1451 a
καὶ τὸ ὅλον ἐκ τῆς θεωρίας, οἷον εἰ μυρίων σταδίων εἴη
ζῷον)· ὥστε δεῖ καθάπερ ἐπὶ τῶν σωμάτων καὶ ἐπὶ τῶν
ζῴων ἔχειν μὲν μέγεθος, τοῦτο δὲ εὐσύνοπτον εἶναι, οὕτω
καὶ ἐπὶ τῶν μύθων ἔχειν μὲν μῆκος, τοῦτο δ᾽ εὐμνημόνευ- 5
τον εἶναι.

Τοῦ δὲ μήκους ὅρος <ὁ> μὲν πρὸς τοὺς ἀγῶνας καὶ
τὴν αἴσθησιν οὐ τῆς τέχνης ἐστίν· εἰ γὰρ ἔδει ἑκατὸν
τραγῳδίας ἀγωνίζεσθαι, πρὸς κλεψύδρας ἂν ἠγωνίζοντο,

38-40 πάμμικρον ... παμμέγεθες apogr.: πᾶν μικρὸν ... πᾶν μέγεθος
AB ‖ 1451 a 3 σωμάτων AB = Ar: συστημάτων Bywater, v. adnot.

E já está estabelecido por nós ser a tragédia *mí-* 25
mesis de ação completa[60] e inteira, tendo certa magni-
tude; pois é possível algo inteiro, mas sem nenhuma
magnitude. E inteiro[61] é o que tem princípio, meio e
fim. Princípio é aquilo que em si mesmo não existe por
necessidade depois de algo, mas algo deve por natureza[62]
existir ou devir depois dele; contrariamente, o fim é
aquilo que por natureza deve existir depois de algo, ou 30
necessariamente ou na maioria das vezes, depois dele,
nada existe; e meio é não só o que em si mesmo está
depois de algo, mas também existe algo depois dele.
É preciso, então, que os mitos bem organizados nem
comecem ao acaso por qualquer ponto nem findem
num ponto qualquer, mas se sujeitem aos modelos que
acabam de ser mencionados.

Além disso, visto que o belo, não só um ser vivo, 35
mas tudo organizado em partes, não somente é preciso
tê-lo organizado, mas também é preciso ter uma magni-
tude não ao acaso; com efeito, o belo está na magnitude
e na ordem, razão pela qual nem poderia ser belo um
animal demasiado pequeno (pois a visão se confunde 40
quando se dá próxima de um tempo imperceptível) nem
demasiado grande (pois a visão não se dá simultanea- 1451 a
mente, mas escapam aos observadores a unidade e o
todo da visão, por exemplo, se existisse um animal de
dez mil estádios[63]), de modo que exatamente como os
corpos e os animais é preciso terem magnitude, e essa
deve ser facilmente visível em seu todo, assim também 5
em relação aos mitos, é preciso terem extensão e essa
deve ser facilmente apreensível pela memória.

Mas o limite da extensão relativa às competições
dramáticas e sua percepção não são próprios da arte
<poética>; pois, se fosse preciso, cem tragédias concor-
reriam contra a clepsidra como dizem <ter sido feito>

ὥσπερ ποτὲ καὶ ἄλλοτέ φασιν. Ὁ δὲ κατ᾽ αὐτὴν τὴν φύσιν
τοῦ πράγματος ὅρος, ἀεὶ μὲν ὁ μείζων μέχρι τοῦ σύνδηλος 10
εἶναι καλλίων ἐστὶ κατὰ τὸ μέγεθος, ὡς δὲ ἁπλῶς διορί-
σαντας εἰπεῖν, ἐν ὅσῳ μεγέθει κατὰ τὸ εἰκὸς ἢ τὸ ἀναγ-
καῖον ἐφεξῆς γιγνομένων συμβαίνει εἰς εὐτυχίαν ἐκ δυστυ-
χίας ἢ ἐξ εὐτυχίας εἰς δυστυχίαν μεταβάλλειν, ἱκανὸς
ὅρος ἐστὶ τοῦ μεγέθους. 15

8

Μῦθος δ᾽ ἐστὶν εἷς οὐχ ὥσπερ τινὲς οἴονται ἐὰν περὶ
ἕνα ᾖ· πολλὰ γὰρ καὶ ἄπειρα τῷ ἑνὶ συμβαίνει, ἐξ ὧν
[ἐνίων] οὐδέν ἐστιν ἕν. Οὕτως δὲ καὶ πράξεις ἑνὸς πολλαί εἰσιν,
ἐξ ὧν μία οὐδεμία γίνεται πρᾶξις. Διὸ πάντες ἐοίκασιν
ἁμαρτάνειν ὅσοι τῶν ποιητῶν Ἡρακληίδα καὶ Θησηίδα 20
καὶ τὰ τοιαῦτα ποιήματα πεποιήκασιν· οἴονται γάρ ἐπεὶ
εἷς ἦν ὁ Ἡρακλῆς, ἕνα καὶ τὸν μῦθον εἶναι προσήκειν. Ὁ
δ᾽ Ὅμηρος, ὥσπερ καὶ τὰ ἄλλα διαφέρει, καὶ τοῦτ᾽ ἔοικε
καλῶς ἰδεῖν, ἤτοι διὰ τέχνην ἢ διὰ φύσιν· Ὀδύσσειαν
γὰρ ποιῶν οὐκ ἐποίησεν ἅπαντα ὅσα αὐτῷ συνέβη, οἷον 25
πληγῆναι μὲν ἐν τῷ Παρνασσῷ, μανῆναι δὲ προσποιήσασθαι
ἐν τῷ ἀγερμῷ, ὧν οὐδὲν θατέρου γενομένου ἀναγκαῖον ἦν ἢ
εἰκὸς θάτερον γενέσθαι, ἀλλὰ περὶ μίαν πρᾶξιν, οἵαν λέγο-
μεν, τὴν Ὀδύσσειαν συνέστησεν, ὁμοίως δὲ καὶ τὴν Ἰλιάδα.
Χρὴ οὖν, καθάπερ καὶ ἐν ταῖς ἄλλαις μιμητικαῖς ἡ μία 30
μίμησις ἑνός ἐστιν, οὕτω καὶ τὸν μῦθον, ἐπεὶ πράξεως μίμησίς
ἐστι, μιᾶς τε εἶναι καὶ ταύτης ὅλης, καὶ τὰ μέρη συνεστά-
ναι τῶν πραγμάτων οὕτως ὥστε μετατιθεμένου τινὸς μέρους ἢ
ἀφαιρουμένου διαφέρεσθαι καὶ κινεῖσθαι τὸ ὅλον· ὃ γὰρ προσὸν
ἢ μὴ προσὸν μηδὲν ποιεῖ ἐπίδηλον, οὐδὲν μόριον τοῦ ὅλου ἐστίν. 35

6 τοῦ δὲ B τοῦ A ὁ add. Bursian || 9 ἄλλοτέ φασιν AB : ἄλλοτ᾽
εἰώθασιν M. Schmidt, cui conjecturae favere uidetur Ar. *sicut solemus
decere alíquo tempore* sed v. adnot. || 11 διορίσαντας A: διορίσαντα B
|| 17 ἑνὶ B, habebat Σ: γένει A, cf. 1447 a 17 || 18 ἐνίων A: secl. Spengel
ενϊ B || 27 ἢ B: om. A 28 λέγομεν B: λέγοιμεν A <ἂν> λέγοιμεν Vahlen
|| 34 διαφέρεσθαι AB: διαφθείρεσθαι, quod exhibuisse videtur Σ, minus
apte cum κινεῖσθαι congruit.

também em outros tempos. Mas o limite, conforme a própria natureza da ação, sempre o maior, contanto que haja um conjunto manifesto, é o mais belo em relação à magnitude; e, para dizer definindo numa palavra, o limite suficiente da magnitude é a maior extensão em que ocorre aos eventos em ordem sucessiva mudarem para a boa fortuna a partir da má ou ainda da boa para a má.[64] 15

Capítulo VIII – Sobre a unidade[65] do *mŷthos*

O mito é uno, não exatamente como alguns supõem caso se ocupe de um <indivíduo> só; muitos, pois, e até incontáveis eventos ocorrem a um só e a partir deles unidade não há. Assim também são muitas ações de um, a partir das quais nenhuma ação única resulta. Por isso, parecem errar todos quantos, entre os poetas, compuseram uma Heracleida ou uma Teseida e poemas semelhantes, pois supõem, uma vez que Héracles era um único, também convir ao *mŷthos* ser uno.

Mas Homero,[66] assim como também é superior nos demais aspectos, também isso parece ter visto bem, seja pela arte, seja pela natureza.[67] Pois, ao compor a Odisseia, tudo quanto sucedeu a ele,[68] por exemplo, ter sido ferido no Parnasso[69] e ter fingido loucura na reunião do exército, eventos em que, ocorrendo um, em nada era necessário ou verossímil ocorrer o outro, mas em torno de uma única ação, como estamos dizendo, organizou a Odisseia e, de modo semelhante, também a Ilíada.[70]

É preciso então, tal como também nas outras artes miméticas, uma única mimetização é própria de um único objeto, assim também em relação ao *mŷthos* uma vez que é mimeis de ação, ser de uma única e desta<ação> inteira, <é preciso> também as partes dos eventos se organizarem de tal modo que, transpondo-se ou suprimindo alguma parte, se modifique ou desarranje o todo; pois o que, sendo ou não adicionado, nada esclarece, nenhuma parte é do todo. 35

9

Φανερὸν δὲ ἐκ τῶν εἰρημένων καὶ ὅτι οὐ τὸ τὰ γενό-
μενα λέγειν, τοῦτο ποιητοῦ ἔργον ἐστίν, ἀλλ᾿ οἷα ἂν γένοιτο,
καὶ τὰ δυνατὰ κατὰ τὸ εἰκὸς ἢ τὸ ἀναγκαῖον. Ὁ γὰρ
ἱστορικὸς καὶ ὁ ποιητὴς οὐ τῷ ἢ ἔμμετρα λέγειν ἢ ἄμετρα   1451 b
διαφέρουσιν (εἴη γὰρ ἂν τὰ Ἡροδότου εἰς μέτρα τεθῆναι,
καὶ οὐδὲν ἧττον ἂν εἴη ἱστορία τις μετὰ μέτρου ἢ ἄνευ μέ-
τρων)· ἀλλὰ τούτῳ διαφέρει, τῷ τὸν μὲν τὰ γενόμενα λέ-
γειν, τὸν δὲ οἷα ἂν γένοιτο. Διὸ καὶ φιλοσοφώτερον καὶ   5
σπουδαιότερον ποίησις ἱστορίας ἐστίν· ἡ μὲν γὰρ ποίησις
μᾶλλον τὰ καθόλου, ἡ δ᾿ ἱστορία τὰ καθ᾿ ἕκαστον λέγει.
Ἔστιν δὲ καθόλου μέν, τῷ ποίῳ τὰ ποῖ᾿ ἄττα συμβαίνει
λέγειν ἢ πράττειν κατὰ τὸ εἰκὸς ἢ τὸ ἀναγκαῖον, οὗ στο-
χάζεται ἡ ποίησις ὀνόματα ἐπιτιθεμένη· τὸ δὲ καθ᾿ ἕκα-   10
στον, τί Ἀλκιβιάδης ἔπραξεν ἢ τί ἔπαθεν.

Ἐπὶ μὲν οὖν τῆς
κωμῳδίας ἤδη τοῦτο δῆλον γέγονεν· συστήσαντες γὰρ τὸν
μῦθον διὰ τῶν εἰκότων οὕτω τὰ τυχόντα ὀνόματα ὑποτι-
θέασι, καὶ οὐχ ὥσπερ οἱ ἰαμβοποιοὶ περὶ τὸν καθ᾿ ἕκαστον
ποιοῦσιν.

Ἐπὶ δὲ τῆς τραγῳδίας τῶν γενομένων ὀνομάτων   15
ἀντέχονται· αἴτιον δ᾿ ὅτι πιθανόν ἐστι τὸ δυνατόν· τὰ μὲν
οὖν μὴ γενόμενα οὔπω πιστεύομεν εἶναι δυνατά, τὰ δὲ γε-
νόμενα φανερὸν ὅτι δυνατά· οὐ γὰρ ἂν ἐγένετο, εἰ ἦν ἀδύ-
νατα.

Οὐ μὴν ἀλλὰ καὶ ἐν ταῖς τραγῳδίαις ἐν ἐνίαις μὲν ἓν
ἢ δύο τῶν γνωρίμων ἐστὶν ὀνομάτων, τὰ δὲ ἄλλα πεποιη-   20
μένα, ἐν ἐνίαις δὲ οὐθέν, οἷον ἐν τῷ Ἀγάθωνος Ἀνθεῖ· ὁμοίως

1451 b 4 τούτῳ B: τοῦτο A ‖ 7 τὰ καθόλου B: καθόλου A ‖ 10 τό δὲ
B: τὸν δέ A ‖ 13 οὕτω AB: οὐ scripsit Butcher Coll. Ar *nequaquam* pro-
bauit Th, Reinach ‖ ὑποτιθέασι A, cf. 1455 b 12 ὑποθέντα τὰ ὀνόματα:
τιθέασιν B ἐπιτιθέασιν apogr. ‖14 περὶ τὸν A: περὶ τῶν B ‖ 19 ἐνίαις A:
ἐν ἐνίαις B ‖ 21 Ἀνθεῖ Welcker: ἄνθει AB Ἄνθη exhibuisse videtur Σ.

Capítulo IX – Sobre a universalidade do *mŷthos* trágico: diferença entre poesia e história

E é evidente, a partir do que já foi dito,[71] também que a dicção do que aconteceu, isso não é função do poeta, mas sim o que poderia acontecer e as coisas possíveis segundo o verossímil ou o necessário. Com efeito, o historiador e o poeta não no dizer coisas com metro ou sem metro diferem (pois seria possível colocar os escritos de Heródoto em metros e em nada seria menos história com metro que sem metros[72]); mas diferem nisto: em o primeiro dizer as coisas que aconteceram e o segundo as que poderiam acontecer.[73] Por isso, a poesia é algo não só mais filosófico, mas também mais elevado que a história; pois a poesia diz de preferência as ações de modo universal e a história, as ações de modo singular. E <é> "de modo universal", por um lado, quais eventos ocorrem a qual tipo de pessoa dizer ou fazer segundo o verossímil e o necessário, <fim> a que visa a poesia, mesmo impondo nomes; e "de modo singular", por outro, <é> o que Alcibíades[74] fez ou experimentou.

E, certamente, em relação à comédia, isso já resulta evidente; pois tendo organizado o mito por meio do verossímil, assim nomes ao acaso <os comediógrafos> atribuem, e não como os poetas iâmbicos fazem, em torno de cada indivíduo particular.

Mas, em relação à tragédia, <os poetas> se atêm aos nomes que existiram; e a causa é que o possível é persuasivo;[75] o que não aconteceu não cremos ser possível, enquanto o que aconteceu é evidente que é possível, pois não teria acontecido se fosse impossível.

Não obstante, também em algumas tragédias existem um ou dois entre os nomes conhecidos e os demais, tendo sido fabricados;[76] e em algumas nenhum, por exemplo, no *Anteu* de Agatão, pois, neste caso, as

γὰρ ἐν τούτῳ τά τε πράγματα καὶ τὰ ὀνόματα πεποίηται, καὶ οὐδὲν ἧττον εὐφραίνει.

Ὥστ᾽ οὐ πάντως εἶναι ζητητέον τῶν παραδεδομένων μύθων, περὶ οὓς αἱ τραγῳδίαι εἰσίν, ἀντέχεσθαι. Καὶ γὰρ γελοῖον τοῦτο ζητεῖν, ἐπεὶ καὶ τὰ γνώ- 25
ριμα ὀλίγοις γνώριμά ἐστιν, ἀλλ᾽ ὅμως εὐφραίνει πάντας.

Δῆλον οὖν ἐκ τούτων ὅτι τὸν ποιητὴν μᾶλλον τῶν μύθων εἶναι δεῖ ποιητὴν ἢ τῶν μέτρων, ὅσῳ ποιητὴς κατὰ τὴν μίμησίν ἐστι, μιμεῖται δὲ τὰς πράξεις. Κἂν ἄρα συμβῇ γενόμενα ποιεῖν, οὐθὲν ἧττον ποιητής ἐστιν· τῶν γὰρ γενο- 30
μένων ἔνια οὐδὲν κωλύει τοιαῦτα εἶναι οἷα ἂν εἰκὸς γενέσθαι καὶ δυνατὰ γενέσθαι, καθ᾽ ὃ ἐκεῖνος αὐτῶν ποιητής ἐστιν.

Τῶν δὲ ἁπλῶν μύθων καὶ πράξεων αἱ ἐπεισοδιώδεις εἰσὶ χείρισται. Λέγω δ᾽ ἐπεισοδιώδη μῦθον ἐν ᾧ τὰ ἐπεισόδια μετ᾽ ἄλληλα οὔτ᾽ εἰκὸς οὔτ᾽ ἀνάγκη εἶναι. Τοιαῦται 35
δὲ ποιοῦνται ὑπὸ μὲν τῶν φαύλων ποιητῶν δι᾽ αὐτούς, ὑπὸ δὲ τῶν ἀγαθῶν διὰ τοὺς ὑποκριτάς· ἀγωνίσματα γὰρ ποιοῦντες, καὶ παρὰ τὴν δύναμιν παρατείνοντες τὸν μῦθον, πολλάκις διαστρέφειν ἀναγκάζονται τὸ ἐφεξῆς.

Ἐπεὶ δὲ οὐ 1452 a
μόνον τελείας ἐστὶ πράξεως ἡ μίμησις ἀλλὰ καὶ φοβερῶν καὶ ἐλεεινῶν, ταῦτα δὲ γίνεται καὶ μάλιστα [καὶ μᾶλλον] ὅταν γένηται παρὰ τὴν δόξαν δι᾽ ἄλληλα· τὸ γὰρ θαυμαστὸν οὕτως ἕξει μᾶλλον ἢ εἰ ἀπὸ τοῦ αὐτομάτου καὶ τῆς 5
τύχης (ἐπεὶ καὶ τῶν ἀπὸ τύχης ταῦτα θαυμασιώτατα δοκεῖ ὅσα ὥσπερ ἐπίτηδες φαίνεται γεγονέναι, οἷον ὡς ὁ

---

24 αἱ τραγ. codd. αἱ <εὐδοκιμοῦσαι> τραγ. coniec. Vahlen || 33 ἁπλῶν AB : ἄλων corr. Tyrwhitt ἀτελῶν Gudeman || 34 τὰ ἐπεισ. A: καὶ ἐπεισ. B || 38 παρατείνοντες τὸν B: παρατείναντες A || 1452 a 3 καὶ μάλιστα καὶ μᾶλλον A: primum καὶ om. B praesertim magisquam Ar καὶ μᾶλλον secl. Spengel; post μάλιστα lacunam statuit Vahlen in qua verba τοιαῦτα, ὅταν παρὰ δόξαν γένηται, ἐκπλήττει γὰρ μάλιστα omissa esse suspicatur καὶ μᾶλλον <ὅταν> post δόξαν scripsit Reiz.

ações e os nomes foram igualmente fabricados, mas <a tragédia> encanta não menos.

De modo que, de maneira nenhuma, deve-se procurar ater aos mitos legados pela tradição, dos quais as tragédias se ocupam. Certamente, é ridículo procurar isso, uma vez que também os eventos conhecidos são conhecidos de poucos, mas agradam a todos igualmente. 25

É evidente, então, a partir disso, que é necessário o poeta ser poeta mais em relação aos *mŷthoi* que aos metros, <ele> é tanto mais poeta em relação à *mímesis* <quanto mais> mimetiza as ações. E, embora, aconteça de compor eventos ocorridos, em nada é menos 30 poeta, pois nada impede que, dos eventos ocorridos, alguns serem tais que sejam verossímeis e possíveis de se produzirem,[77] segundo o critério pelo qual ele é poeta deles.

E dos *mŷthoi* e ações simples os episódicos são os piores; designo "episódico" o *mŷthos,* no qual os episódios sucessivos não são nem verossímeis nem 35 necessários. E tais *mŷthoi* são compostos, no entanto, por maus poetas, por um lado, por causa deles mesmos, por outro, por bons <poetas> por causa dos atores;[78] pois, por compor dramas para concursos e além de sua potência estender o *mŷthos,* muitas vezes são constrangidos a distorcer sua ordem sucessiva.

E, uma vez que não apenas de uma ação completa 1452 a é a *mímesis,* mas também de fatos terríveis e compungentes, esses fatos ocorrem contra a expectativa, uns por causa dos outros, pois assim isso conterá o maravilhoso mais que se originados do espontâneo e 5 do acaso, (porque também entre os oriundos do acaso esses mais maravilhosos parecem quantos de propósito parecem ter ocorrido, por exemplo, quando a estátua

ἀνδριὰς ὁ τοῦ Μίτυος ἐν Ἄργει ἀπέκτεινε τὸν αἴτιον τοῦ θανάτου τῷ Μίτυῖ, θεωροῦντι ἐμπεσών· ἔοικε γὰρ τὰ τοιαῦτα οὐκ εἰκῇ γίνεσθαι)· ὥστε ἀνάγκη τοὺς τοιούτους εἶναι 10 καλλίους μύθους.

10

Εἰσὶ δὲ τῶν μύθων οἱ μὲν ἁπλοῖ οἱ δὲ πεπλεγμένοι· καὶ γὰρ αἱ πράξεις, ὧν μιμήσεις οἱ μῦθοί εἰσιν, ὑπάρχουσιν εὐθὺς οὖσαι τοιαῦται. Λέγω δὲ ἁπλῆν μὲν πρᾶξιν ἧς γινομένης, ὥσπερ ὥρισται, συνεχοῦς καὶ μιᾶς, ἄνευ περιπε- 15 τείας ἢ ἀναγνωρισμοῦ ἡ μετάβασις γίνεται· πεπλεγμένην δὲ ἐξ ἧς μετ᾽ ἀναγνωρισμοῦ ἢ περιπετείας ἢ ἀμφοῖν ἡ μετάβασίς ἐστιν.

Ταῦτα δὲ δεῖ γίνεσθαι ἐξ αὐτῆς τῆς συστάσεως τοῦ μύθου, ὥστε ἐκ τῶν προγεγενημένων συμβαίνειν ἢ ἐξ ἀνάγκης ἢ κατὰ τὸ εἰκὸς γίγνεσθαι ταῦτα· διαφέρει 20 γὰρ πολὺ τὸ γίγνεσθαι τάδε διὰ τάδε ἢ μετὰ τάδε.

11

Ἔστι δὲ περιπέτεια μὲν ἡ εἰς τὸ ἐναντίον τῶν πραττομένων μεταβολή, καθάπερ εἴρηται· καὶ τοῦτο δὲ, ὥσπερ λέγομεν, κατὰ τὸ εἰκὸς ἢ ἀναγκαῖον· ὥσπερ ἐν τῷ Οἰδίποδι ἐλθὼν ὡς εὐφρανῶν τὸν Οἰδίπουν καὶ ἀπαλλάξων τοῦ 25 πρὸς τὴν μητέρα φόβου, δηλώσας ὃς ἦν, τοὐναντίον ἐποίησεν· καὶ ἐν τῷ Λυγκεῖ ὁ μὲν ἀγόμενος ὡς ἀποθανούμενος, ὁ δὲ Δαναὸς ἀκολουθῶν ὡς ἀποκτενῶν· τὸν μὲν συνέβη ἐκ τῶν πεπραγμένων ἀποθανεῖν, τὸν δὲ σωθῆναι.

Ἀναγνώρισις δ᾽ ἐστίν, ὥσπερ καὶ τοὔνομα σημαίνει, ἐξ ἀγνοίας εἰς γνῶσιν 30

---

10 γενέσθαι A: γίνεσθαι B || 16 πεπλεγμένεν δὲ ἐξ ἧς B: πεπλεγμένη δὲ λέξις A πεπλεγμένη δ᾽ ἐστὶ ἐξ ἧς Vahlen. || 22 πραττομένων A = Ar: πραττόντων B.

60

de Mítis matou o culpado da morte de Mítis quando ele a contemplava, tombando sobre ele; parece, pois, que esses fatos não ocorrem sem propósito); de modo que é necessário *mŷthoi* semelhantes serem os mais belos.[79]

10

Capítulo X – *Mŷthos* simples e complexo

E, entre os *mŷthoi*, uns são simples e outros complexos; pois, de fato, as ações cujas *miméseis* são os *mŷthoi* já existem como tais. E designo, por um lado, simples a ação que, se desenvolvendo como definida, contínua e única, sem peripécia nem reconhecimento, produz a mudança de fortuna, e complexo, por outro, <a ação> a partir da qual a mudança de fortuna é com reconhecimento ou peripécia ou com ambas.

15

Mas estas é preciso ser produzidas a partir da própria organização do *mŷthos*, de modo a resultar das ações passadas ou a partir da necessidade ou segundo o verossímil isso se produzir; difere, pois, muito o acontecer isto por causa daquilo ou depois daquilo.[80]

20

Capítulo XI – Peripécia, reconhecimento e ação patética

E peripécia é a mudança das ações em sentido contrário, exatamente como ficou dito e isso, como afirmamos, segundo o verossímil ou o necessário, por exemplo, no *Édipo*, quem chegou com o propósito de alegrar Édipo e de livrá-lo do terror relativo à sua mãe, tendo revelado quem <ele>[81] era provocou o contrário; e, no *Linceu*, sendo este conduzido para morrer, e o outro, Dânao, o acompanhando para matá-lo, dos acontecimentos resultou este morrer e aquele ter-se salvo.

25

E o reconhecimento, como até o nome indica, <é> uma mudança da ignorância para o conhecimento[82] ou

30

μεταβολή, ἢ εἰς φιλίαν ἢ εἰς ἔχθραν, τῶν πρὸς εὐτυχίαν ἢ δυστυχίαν ὡρισμένων· Καλλίστη δὲ ἀναγνώρισις, ὅταν ἅμα περιπετείᾳ γένηται, οἷον ἔχει ἡ ἐν τῷ Οἰδίποδι.

Εἰσὶ μὲν οὖν καὶ ἄλλαι ἀναγνωρίσεις· καὶ γὰρ πρὸς ἄψυχα καὶ τὰ τυχόντα ἐστὶν ὥς <ὅ>περ εἴρηται συμβαίνει, καὶ εἰ πέ- 35 πραγέ τις ἢ μὴ πέπραγεν ἔστιν ἀναγνωρίσαι.

Ἀλλ᾽ ἡ μά-λιστα τοῦ μύθου καὶ ἡ μάλιστα τῆς πράξεως ἡ εἰρημένη ἐστίν· Ἡ γὰρ τοιαύτη ἀναγνώρισις καὶ περιπέτεια ἢ ἔλεον ἕξει ἢ φόβον, οἵων πράξεων ἡ τραγῳδία μίμησις ὑπόκειται. 1452 b Ἔτι δὴ καὶ τὸ ἀτυχεῖν καὶ τὸ εὐτυχεῖν ἐπὶ τῶν τοιούτων συμβήσεται.

Ἐπεὶ δὴ ἡ ἀναγνώρισις τινῶν ἐστιν ἀναγνώρισις, αἱ μέν θατέρου πρὸς τὸν ἕτερον μόνον, ὅταν ᾖ δῆλος ἅτερος τίς ἐστιν, ὁτὲ δ᾽ ἀμφοτέρους δεῖ ἀναγνωρίσαι, οἷον ἡ 5 μὲν Ἰφιγένεια τῷ Ὀρέστῃ ἀνεγνωρίσθη ἐκ τῆς πέμψεως τῆς ἐπιστολῆς, ἐκείνῳ δὲ πρὸς τὴν Ἰφιγένειαν ἄλλης ἔδει ἀναγνωρίσεως.

Δύο μὲν οὖν τοῦ μύθου μέρη περὶ ταῦτ᾽ ἐστί, περιπέτεια καὶ ἀναγνώρισις, τρίτον δὲ πάθος. Τούτων δὲ περιπέτεια μὲν 10 καὶ ἀναγνώρισις εἴρηται, πάθος δ᾽ ἐστὶ πρᾶξις φθαρτικὴ ἢ ὀδυνηρά, οἷον οἵ τε ἐν τῷ φανερῷ θάνατοι καὶ αἱ περιω-δυνίαι καὶ τρώσεις καὶ ὅσα τοιαῦτα.

12

Μέρη δὲ τραγῳδίας οἷς μὲν ὡς εἴδεσι δεῖ χρῆσθαι πρότερον εἴπομεν· κατὰ δὲ τὸ ποσὸν καὶ εἰς ἃ διαιρεῖται 15 κεχωρισμένα τάδε ἐστίν, πρόλογος ἐπεισόδιον ἔξοδος χο-

---

33 περιπέτεια γένηται B, habebat Σ: περιπέτειαι γίνονται A ‖ ἡ ἐν A: ἐν B ‖ ἐν τῷ Οἰδίποδι AB: in historia Odysseos Ar. ‖ 34-36 καὶ γὰρ... ἀναγνωρίσαι om. B ‖ 35 ὡς <ὅ>περ Spengel: ὥσπερ A ὅθ᾽ ὅπερ Gomperz ‖ 38 καὶ περιπέτεια ἢ: καὶ <μάλιστ᾽ ἐὰν καὶ> περιπέτεια ἢ coni. Vahlen ‖ 1452 b 1 οἵων B: οἷον A ‖ 4 ἅτερος B: ἕτερος A. ‖ 9 περὶ om. B ‖ 14 totum caput secl. Ritter; v. Introd. p. 9.

para a amizade ou para o ódio, dos que foram marcados para a boa ou má sorte; e o mais belo reconhecimento <é> quando ocorrem[83] simultaneamente à peripécia, como é o do Édipo.

Sem dúvida, há também outros reconhecimentos; com efeito, também em relação a seres inanimados e coi- 35 sas fortuitas algumas vezes, como já ficou dito, ocorrem; e até se alguém agiu ou não agiu é possível reconhecer.

Mas o reconhecimento mais importante do *mŷthos* e o mais importante da ação é o que foi referido; pois tal reconhecimento e peripécia causarão ou compaixão ou terror e de tais ações a tragédia é proposta como *mímesis*; 1452 b ademais, não o ser desafortunado, mas também o ser afortunado resultarão de tais ações.

Então, uma vez que o reconhecimento é reco-nhecimento de alguns,[84] existem[85] somente de um em relação ao outro, mas às vezes é preciso um e outro 5 se reconhecerem, como Ifigênia foi reconhecida por Orestes a partir do envio da carta, mas para ele faltava outro reconhecimento por parte de Ifigênia.[86]

Assim, então, duas são essas partes do *mŷthos*: pe-ripécia e reconhecimento; e a terceira é a ação patética. E 10 destas, a peripécia e o reconhecimento já ficaram ditos, e a ação patética é uma ação[87] destruidora ou dolorosa, por exemplo, as mortes em cena, as dores lancinantes e as dilacerações.

Capítulo XII – Partes quantitativas da tragédia

E quais partes da tragédia é preciso empregar como formas[88] <essenciais> anteriormente dissemos, mas, 15 segundo a quantidade, em quais <as partes> se divi-dem em separado, são estas: prólogo, episódio, êxodo, canto coral, e desta uma é o párodo e outra, o estásimo. Por um lado, essas <partes> são comuns a todas, por

ρικόν, καὶ τούτου τὸ μὲν πάροδος τὸ δὲ στάσιμον· κοινὰ μὲν ἁπάντων ταῦτα, ἴδια δὲ τὰ ἀπὸ τῆς σκηνῆς καὶ κομμοί.

Ἔστι δὲ πρόλογος μὲν μέρος ὅλον τραγῳδίας τὸ πρὸ χοροῦ παρόδου, ἐπεισόδιον δὲ μέρος ὅλον τραγῳδίας τὸ μεταξὺ· 20
ὅλων χορικῶν μελῶν, ἔξοδος δὲ μέρος ὅλον τραγῳδίας μεθ᾽ ὃ οὐκ ἔστι χοροῦ μέλος, χορικοῦ δὲ πάροδος μὲν ἡ πρώτη λέξις ὅλη χοροῦ, στάσιμον δὲ μέλος χοροῦ τὸ ἄνευ ἀναπαίστου καὶ τροχαίου, κομμὸς δὲ θρῆνος κοινὸς χοροῦ καὶ ἀπὸ σκηνῆς.
Μέρη δὲ τραγῳδίας, οἷς μὲν <ὡς εἴδεσι> δεῖ χρῆσθαι, 25
πρότερον εἴπομεν, κατὰ δὲ τὸ ποσὸν καὶ εἰς ἃ διαιρεῖται κεχωρισμένα, ταῦτ᾽ ἐστίν.

13

Ὧν δὲ δεῖ στοχάζεσθαι καὶ ἃ δεῖ εὐλαβεῖσθαι συνιστάντας τοὺς μύθους, καὶ πόθεν ἔσται τὸ τῆς τραγῳδίας ἔργον, ἐφεξῆς ἂν εἴη λεκτέον τοῖς νῦν εἰρημένοις.

Ἐπειδὴ οὖν 30
δεῖ τὴν σύνθεσιν εἶναι τῆς καλλίστης τραγῳδίας μὴ ἁπλῆν ἀλλὰ πεπλεγμένην, καὶ ταύτην φοβερῶν καὶ ἐλεεινῶν εἶναι μιμητικήν (τοῦτο γὰρ ἴδιον τῆς τοιαύτης μιμήσεώς ἐστιν), πρῶτον μὲν δῆλον ὅτι οὔτε τοὺς ἐπιεικεῖς ἄνδρας δεῖ μεταβάλλοντας φαίνεσθαι ἐξ εὐτυχίας εἰς δυστυχίαν (οὐ γὰρ 35
φοβερὸν οὐδὲ ἐλεεινὸν τοῦτο, ἀλλὰ μιαρόν ἐστιν), οὔτε τοὺς μοχθηροὺς ἐξ ἀτυχίας εἰς εὐτυχίαν (ἀτραγῳδότατον γὰρ τοῦτ᾽ ἐστὶ πάντων· οὐδὲν γὰρ ἔχει ὧν δεῖ· οὔτε γὰρ φιλάνθρωπον οὔτε ἐλεεινὸν οὔτε φοβερόν ἐστιν), οὐδ᾽ αὖ τὸν σφόδρα πονηρὸν 1453 a ἐξ εὐτυχίας εἰς δυστυχίαν μεταπίπτειν (τὸ μὲν γὰρ φιλάνθρωπον ἔχοι ἂν ἡ τοιαύτη σύστασις ἀλλ᾽ οὔτε ἔλεον οὔτε

---

22 χορικοῦ A: χορικός B || 23 ὅλη Westphal : ὅλου AB = Ar ||24 καὶ ἀπὸ AB καὶ <τῶν> ἀπὸ Ritter || 25 ὡς εἴδεσι ex apogr. add || 28 ὧν apogr.: ὡς AB 36 ἀλλὰ μιαρόν AB: αλλ᾽ ἀνιαρόν coniec. Usener collato Rhet. II 9, 1386 b 9 λυπεῖσθαι ἐπὶ ταῖς ἀναξίαις κακοπραγίαιας sed. v. infra 1453 b 39 et 1454 a ubi μιαρόν || 1453 a 1 αὖ τὸν B: αὐτὸ A.

outro, são peculiares <a algumas> os cantos a partir da cena[89] e os *kommoí*.[90]

O prólogo é uma parte inteira da tragédia anterior ao párodo do coro; episódio é uma parte inteira da tragédia 20 entre os cantos corais inteiros e êxodo é uma parte inteira da tragédia após a qual não há canto do coro; e da parte coral, o párodo é a primeira dicção de todo o coro; e o estásimo é um canto do coro sem anapesto nem troqueu e o comos é um lamento comum do coro e da cena.

E as partes da tragédia das quais é preciso se ser- 25 vir, mencionamos antes, e, segundo a quantidade, e em relação a que se dividem separadamente são essas.

Capítulo XIII – A situação trágica e o herói trágico na construção ideal do *mŷthos*

E a que é preciso visar e de que é preciso precaver-se ao organizar os *mŷthoi*, e de onde provirá o efeito da tragédia, seria preciso dizer em seguida ao que acaba de ser dito.

Então, uma vez que é preciso a composição da 30 mais bela tragédia ser não simples, mas complexa e ser esta mimética de terrores e compaixões (pois isso é próprio de tal *mímesis*), em primeiro lugar, é evidente que nem os homens bons é preciso se mostrar mudando da boa fortuna para a má (pois isso não é terrível nem 35 compungente, mas repugnante), nem os perversos, da má fortuna para a boa, (pois isso é <a situação> mais desprovida de tragicidade de todas, pois não contém nada do que é preciso, pois nem é filantrópica,[91] nem compungente nem terrível) nem tampouco <é preciso> 1453 a o excessivamente vil decair da boa para a má fortuna (certamente uma tal organização conteria o filantrópico, mas nem a compaixão nem o terror, pois a primeira é

φόβον· ὁ μὲν γὰρ περὶ τὸν ἀνάξιόν ἐστι δυστυχοῦντα, ὁ δὲ
περὶ τὸν ὅμοιον, ἔλεος μὲν περὶ τὸν ἀνάξιον, φόβος δὲ 5
περὶ τὸν ὅμοιον, ὥστε οὔτε ἐλεεινὸν οὔτε φοβερὸν ἔσται τὸ
συμβαῖνον).

Ὁ μεταξὺ ἄρα τούτων λοιπός. Ἔστι δὲ τοιοῦτος
ὁ μήτε ἀρετῇ διαφέρων καὶ δικαιοσύνῃ, μήτε διὰ κακίαν
καὶ μοχθηρίαν μεταβάλλων εἰς τὴν δυστυχίαν ἀλλὰ δι᾽
ἁμαρτίαν τινά, τῶν ἐν μεγάλῃ δόξῃ ὄντων καὶ εὐτυχίᾳ,
οἷον Οἰδίπους καὶ Θυέστης καὶ οἱ ἐκ τῶν τοιούτων γενῶν 10
ἐπιφανεῖς ἄνδρες.

Ἀνάγκη ἄρα τὸν καλῶς ἔχοντα μῦθον
ἁπλοῦν εἶναι μᾶλλον ἢ διπλοῦν, ὥσπερ τινές φασιν, καὶ με-
ταβάλλειν οὐκ εἰς εὐτυχίαν ἐκ δυστυχίας ἀλλὰ τοὐναντίον
ἐξ εὐτυχίας εἰς δυστυχίαν, μὴ διὰ μοχθηρίαν ἀλλὰ δι᾽
ἁμαρτίαν μεγάλην, ἢ οἵου εἴρηται, ἢ βελτίονος μᾶλλον ἢ 15
χείρονος.

Σημεῖον δὲ καὶ τὸ γιγνόμενον· πρῶτον μὲν γὰρ
οἱ ποιηταὶ τοὺς τυχόντας μύθους ἀπηρίθμουν, νῦν δὲ περὶ
ὀλίγας οἰκίας αἱ κάλλισται τραγῳδίαι συντίθενται, οἷον
περὶ Ἀλκμέωνα καὶ Οἰδίπουν καὶ Ὀρέστην καὶ Μελέαγρον
καὶ Θυέστην καὶ Τήλεφον καὶ ὅσοις ἄλλοις συμβέβηκεν 20
ἢ παθεῖν δεινὰ ἢ ποιῆσαι.

Ἡ μὲν οὖν κατὰ τὴν τέχνην
καλλίστη τραγῳδία ἐκ ταύτης τῆς συστάσεώς ἐστιν.

Διὸ
καὶ οἱ Εὐριπίδῃ ἐγκαλοῦντες τοῦτ᾽ αὐτὸ ἁμαρτάνουσιν ὅτι τοῦτο
δρᾷ ἐν ταῖς τραγῳδίαις καὶ πολλαὶ αὐτοῦ εἰς δυστυχίαν 25
τελευτῶσιν. Τοῦτο γάρ ἐστιν, ὥσπερ εἴρηται, ὀρθόν· Σημεῖον
δὲ μέγιστον· ἐπὶ γὰρ τῶν σκηνῶν καὶ τῶν ἀγώνων τραγι-
κώταται αἱ τοιαῦται φαίνονται, ἂν κατορθωθῶσιν, καὶ ὁ
Εὐριπίδης, εἰ καὶ τὰ ἄλλα μὴ εὖ οἰκονομεῖ, ἀλλὰ τρα-
γικώτατός γε τῶν ποιητῶν φαίνεται.

---

11 Οἰδίπους Β: δίπους Α ‖ 17 πρῶτον Α: πρὸ τοῦ Β ‖ 20 formam
atticam Ἀλκμέωνα restituit Bywater: Ἀλμαίωνα ΑΒ ‖ 22 τὴν τέχνην Α:
τέχνην Β‖ 24 τοῦτ᾽ αὐτὸ Thurot: τὸ αὐτὸ ΑΒ τὸ secl. Bywater.

sobre o não merecedor de ser desafortunado e a segunda sobre ser semelhante <a nós>; a compaixão, no caso 5 do não merecedor, e o terror, no caso do semelhante; de tal modo que nem compungente nem terrível será tal evento.[92])

Resta, então, o intermediário entre esses. E é tal o que nem se destaca pela excelência e pela justiça, nem por causa do vício nem pela perversidade, ao mudar para a má fortuna, mas por causa de algum erro, daqueles que se encontram em grande reputação e boa fortuna como 10 Édipo e Tiestes e os varões ilustres de tais estirpes.[93]

É necessário, então, ao belo *mýthos* ser antes simples que duplo[94] exatamente como dizem alguns, e mudar não da má fortuna para a boa, mas o contrário, da boa fortuna para a má, não por perversidade, mas por causa de um grande erro ou de alguém da qualidade já 15 dita ou de um melhor antes que de um pior.

E o sinal <é> também o que se passou; primeiramente, com efeito, os poetas os seus *mýthoi* recontavam, mas agora sobre poucas famílias as mais belas tragédias são organizadas, por exemplo, sobre Alcméon, Édipo, Orestes, Meleagro, Tiestes, Télefo e a quantos outros 20 aconteceu ou sofrer ou causar coisas terríveis.

Assim, então, a mais bela tragédia, quanto à arte, é oriunda dessa organização.

Por causa disso, também os acusadores de Eurípides cometem o mesmo erro porque <ele> faz isso em suas tragédias e muitas acabam em infortúnio. Pois isso, 25 conforme ficou dito, está correto; e o mais importante sinal <é>: com efeito, nas cenas e nos concursos tais <tragédias> se mostram as mais trágicas, caso sejam bem dirigidas, e Eurípides, mesmo se não agencia bem os demais recursos, pelo menos se mostra o mais trágico dos poetas.[95]

Δευτέρα δ᾽ ἡ πρώτη 30
λεγομένη ὑπό τινων ἐστι [σύστασις], ἡ διπλῆν τε τὴν σύστα-
σιν ἔχουσα, καθάπερ ἡ Ὀδύσσεια, καὶ τελευτῶσα ἐξ ἐναν-
τίας τοῖς βελτίοσι καὶ χείροσιν. Δοκεῖ δὲ εἶναι πρώτη διὰ
τὴν τῶν θεάτρων ἀσθένειαν· ἀκολουθοῦσι γὰρ οἱ ποιηταὶ κατ᾽
εὐχὴν ποιοῦντες τοῖς θεαταῖς. Ἔστι δὲ οὐχ αὕτη <ἡ> ἀπὸ τρα- 35
γῳδίας ἡδονὴ, ἀλλὰ μᾶλλον τῆς κωμῳδίας οἰκεία· ἐκεῖ γὰρ,
οἳ ἂν ἔχθιστοι ὦσιν ἐν τῷ μύθῳ, οἷον Ὀρέστης καὶ Αἴγι-
σθος, φίλοι γενόμενοι ἐπὶ τελευτῆς ἐξέρχονται, καὶ ἀπο-
θνήσκει οὐδεὶς ὑπ᾽ οὐδενός.

14

Ἔστι μὲν οὖν τὸ φοβερὸν καὶ ἐλεεινὸν ἐκ τῆς ὄψεως 1453 b
γίνεσθαι, ἔστι δὲ καὶ ἐξ αὐτῆς τῆς συστάσεως τῶν πρα-
γμάτων, ὅπερ ἐστὶ πρότερον καὶ ποιητοῦ ἀμείνονος. Δεῖ γὰρ
καὶ ἄνευ τοῦ ὁρᾶν οὕτω συνεστάναι τὸν μῦθον ὥστε τὸν
ἀκούοντα τὰ πράγματα γινόμενα καὶ φρίττειν καὶ ἐλεεῖν 5
ἐκ τῶν συμβαινόντων· ἅπερ ἂν πάθοι τις ἀκούων τὸν τοῦ
Οἰδίπου μῦθον. Τὸ δὲ διὰ τῆς ὄψεως τοῦτο παρασκευά-
ζειν ἀτεχνότερον καὶ χορηγίας δεόμενόν ἐστιν.
Οἱ δὲ μὴ τὸ
φοβερὸν διὰ τῆς ὄψεως ἀλλὰ τὸ τερατῶδες μόνον παρα-
σκευάζοντες οὐδὲν τραγῳδίᾳ κοινωνοῦσιν· οὐ γὰρ πᾶσαν δεῖ 10
ζητεῖν ἡδονὴν ἀπὸ τραγῳδίας, ἀλλὰ τὴν οἰκείαν. Ἐπεὶ δὲ
τὴν ἀπὸ ἐλέου καὶ φόβου διὰ μιμήσεως δεῖ ἡδονὴν παρα-
σκευάζειν τὸν ποιητήν, φανερὸν ὡς τοῦτο ἐν τοῖς πράγμα-
σιν ἐμποιητέον.
Ποῖα οὖν δεινὰ ἢ ποῖα οἰκτρὰ φαίνεται τῶν
συμπιπτόντων, λάβωμεν.

---

31 σύστασις secl. Twining. 35 ἡ add. Vahlen || 37 οἳ ἂν coniec. Bonitz:
ἂν οἱ AB.

E, em segundo lugar, e que é dita primeira[96] por al- 30
guns, está a que tem organização dupla, como a *Odisseia*,
que termina de modo contrário para os melhores e
para os piores. E é reputada como primeira por causa
da astenia[97] dos espectadores, pois os poetas cedem aos
espectadores compondo segundo seu capricho. Mas 35
não é esse prazer próprio da tragédia, mas antes pró-
prio da comédia;[98] com efeito, até os que possam ser
mais inimigos no mito,[99] como Orestes e Egisto, ao se
tornarem amigos no final saem de cena, e ninguém é
morto por ninguém.

Capítulo XIV – A compaixão e o terror como efeitos da organização do *mŷthos*

Certamente, é possível o terrível e o compungen- 1453 b
te nascerem do espetáculo,[100] mas é possível também
<nascerem> da própria organização das ações, o que
é superior e <próprio> do melhor poeta. Pois é preci-
so, mesmo sem a visão, assim organizar o *mŷthos* de
tal modo que quem ouve as ações se desenvolvendo 5
também se horrorize e se compadeça a partir dos fatos
imprevistos, precisamente em relação aos quais um
ouvinte do *mŷthos* de Édipo se afetaria. Dispor isso
por meio do espetáculo é menos artístico e dependente
da coregia.[101]

E os que não o terrível propiciam por meio do
espetáculo, mas somente o portentoso,[102] nada têm em 10
comum[103] com a tragédia; pois é preciso buscar não um
prazer qualquer a partir da tragédia, mas o seu próprio.
E, uma vez que é preciso o poeta propiciar o prazer
oriundo da compaixão e do terror mediante *mímesis*, é
evidente que isso deve ser introduzido nas ações.

Consideremos, então, quais parecem terríveis ou
quais compungentes entre as ações.

Ἀνάγκη δὴ ἢ φίλων εἶναι πρὸς 15
ἀλλήλους τὰς τοιαύτας πράξεις ἢ ἐχθρῶν ἢ μηδετέρων. Ἂν
μὲν οὖν ἐχθρὸς ἐχθρόν, οὐδὲν ἐλεεινὸν οὔτε ποιῶν οὔτε
μέλλων, πλὴν κατ' αὐτὸ τὸ πάθος· οὐδ' ἂν μηδετέρως
ἔχοντες· Ὅταν δ' ἐν ταῖς φιλίαις ἐγγένηται τὰ πάθη,
οἷον εἰ ἀδελφὸς ἀδελφὸν ἢ υἱὸς πατέρα ἢ μήτηρ υἱὸν ἢ 20
υἱὸς μητέρα ἀποκτείνει ἢ μέλλει ἤ τι ἄλλο τοιοῦτον δρᾷ,
ταῦτα ζητητέον.

Τοὺς μὲν οὖν παρειλημμένους μύθους λύειν
οὐκ ἔστιν, λέγω δὲ οἷον τὴν Κλυταιμήστραν ἀποθανοῦ-
σαν ὑπὸ τοῦ Ὀρέστου καὶ τὴν Ἐριφύλην ὑπὸ τοῦ Ἀλκμέω-
νος· αὐτὸν δὲ εὑρίσκειν δεῖ, καὶ τοῖς παραδεδομένοις χρῆ- 25
σθαι καλῶς. Τὸ δὲ καλῶς τί λέγομεν, εἴπωμεν σαφέστερον.

Ἔστι μὲν γὰρ οὕτω γίνεσθαι τὴν πρᾶξιν ὥσπερ οἱ παλαιοὶ
ἐποίουν, εἰδότας καὶ γιγνώσκοντας, καθάπερ καὶ Εὐριπίδης
ἐποίησεν ἀποκτείνουσαν τοὺς παῖδας τὴν Μήδειαν· ἔστι δὲ
πρᾶξαι μέν, ἀγνοοῦντας δὲ πρᾶξαι τὸ δεινόν, εἶθ' ὕστερον 30
ναγνωρίσαι τὴν φιλίαν, ὥσπερ ὁ Σοφοκλέους Οἰδίπους· Τοῦτο
μὲν οὖν ἔξω τοῦ δράματος, ἐν δ' αὐτῇ τῇ τραγῳδίᾳ, οἷον
ὁ Ἀλκμέων ὁ Ἀστυδάμαντος ἢ ὁ Τηλέγονος ὁ ἐν τῷ
τραυματίᾳ Ὀδυσσεῖ.

Ἔτι δὲ τρίτον παρὰ ταῦτα, τὸ μέλ-
λοντα ποιεῖν τι τῶν ἀνηκέστων δι' ἄγνοιαν ἀναγνωρίσαι πρὶν 35
ποιῆσαι. Καὶ παρὰ ταῦτα οὐκ ἔστιν ἄλλως· ἢ γὰρ πρᾶξαι
ἀνάγκη ἢ μή, καὶ εἰδότας ἢ μὴ εἰδότας.

1453 b 15 δὴ Spengel: δέ ΑΒ ‖ 20 εἰ Sylburg: ἢ ΑΒ ‖ 21 ἀποκτείνει
ἢ μέλλει Α: ἀποκτείνῃ ἢ μέλλῃ Β ‖ δρᾷ apogr.: ὂραν ΑΒ ‖ 23
Κλυταιμήστραν habebat Σ: Κλυταιμνήστραν ΑΒ ‖ 24 Ἀλκμέωνος cf.
1453 a 20: Ἀλκμαίωνος cood.

Em verdade, é necessário tais ações serem entre 15
amigos reciprocamente ou entre inimigos ou entre os
que não são nem um nem outro. Certamente, quando
um inimigo <ataca> um inimigo, nada <é> compun-
gente nem ao fazê-lo nem estando prestes a <fazê-lo>
exceto o *páthos* (ação patética) em si, tampouco se não
são nem um nem outro;[104] mas sempre que nas amizades
parentais[105] surjam essas ações patéticas, por exemplo, 20
se um irmão assassina um irmão, ou o filho, o pai ou
a mãe, o filho ou o filho, a mãe ou pretenda fazê-lo ou
algum outro <crime> semelhante encene,[106] é preciso
buscar essas situações.

Certamente, não é possível desfazer os mitos[107]
tradicionais, quero dizer, por exemplo, Clitemnestra
assassinada por Orestes e Erifila por Alcméon, mas
ele mesmo deve inventar e se utilizar belamente dos 25
legados pela tradição. Mas digamos mais claramente o
que entendemos por "belamente".

Sem dúvida, é possível a ação se desenvolver
exatamente como os antigos compuseram sabedores e
[re]conhecedores,[108] como também Eurípides compôs
Medeia assassinando os filhos; mas é possível, por um 30
lado, agir ignorando, por outro, perpetrar o terrível, e
depois reconhecer a amizade familiar, exatamente como
o Édipo de Sófocles; neste caso, sem dúvida, <ocorre>
fora do drama,[109] mas noutro <ocorre> na tragédia mes-
ma como o *Alcméon* de Astidamante ou o Telégono no
Odisseu Ferido.

Mas ainda um terceiro <caso> além desses é pos-
sível: quem está na iminência de fazer algo irreparável 35
por ignorância, reconhecer antes de fazê-lo. E, além
desses, não há outro <caso>; é necessário ou agir ou
não agir, ou ciente ou não ciente.

Τούτων δὲ τὸ μὲν γινώσκοντα μελλῆσαι καὶ μὴ πρᾶξαι χείριστον· τό τε γὰρ μιαρὸν ἔχει, καὶ οὐ τραγικόν· ἀπαθὲς γάρ. Διόπερ οὐδεὶς ποιεῖ ὁμοίως, εἰ μὴ ὀλιγάκις, οἷον ἐν Ἀντιγόνῃ τὸν Κρέοντα ὁ Αἵμων. Τὸ δὲ πρᾶξαι δεύτερον. Βέλτιον δὲ τὸ ἀγνοοῦντα μὲν πρᾶξαι, πράξαντα δὲ ἀναγνωρίσαι· τό τε γὰρ μιαρὸν οὐ πρόσεστι, καὶ ἡ ἀναγνώρισις ἐκπληκτικόν.   Κράτιστον δὲ τὸ τελευταῖον, λέγω δὲ οἷον ἐν τῷ Κρεσφόντῃ ἡ Μερόπη μέλλει τὸν υἱὸν ἀποκτείνειν, ἀποκτείνει δὲ οὔ, ἀλλ᾽ ἀνεγνώρισεν, καὶ ἐν τῇ Ἰφιγενείᾳ ἡ ἀδελφὴ τὸν ἀδελφόν, καὶ ἐν τῇ Ἕλλῃ ὁ υἱὸς τὴν μητέρα ἐκδιδόναι μέλλων ἀνεγνώρισεν.

Διὰ γὰρ τοῦτο, ὅπερ πάλαι εἴρηται, οὐ περὶ πολλὰ γένη αἱ τραγῳδίαι εἰσίν. Ζητοῦντες γὰρ οὐκ ἀπὸ τέχνης ἀλλ᾽ ἀπὸ τύχης εὗρον τὸ τοιοῦτον παρασκευάζειν ἐν τοῖς μύθοις· ἀναγκάζονται οὖν ἐπὶ ταύτας τὰς οἰκίας ἀπαντᾶν, ὅσαις τὰ τοιαῦτα συμβέβηκε πάθη.   Περὶ μὲν οὖν τῆς τῶν πραγμάτων συστάσεως, καὶ ποίους τινὰς εἶναι δεῖ τοὺς μύθους, εἴρηται ἱκανῶς.

1454 a

5

10

15

15

Περὶ δὲ τὰ ἤθη τέτταρά ἐστιν ὧν δεῖ στοχάζεσθαι, ἓν μὲν καὶ πρῶτον ὅπως χρηστὰ ᾖ. Ἕξει δὲ ἦθος μὲν ἐὰν ὥσπερ ἐλέχθη ποιῇ φανερὸν ὁ λόγος ἢ ἡ πρᾶξις προαίρεσίν τινα [ᾖ], χρηστὸν δ᾽ ἐὰν χρηστήν. Ἔστι δὲ ἐν ἑκάστῳ γένει· καὶ γὰρ γυνή ἐστι χρηστὴ καὶ δοῦλος· καίτοι γε ἴσως τούτων τὸ μὲν χεῖρον, τὸ δὲ ὅλως φαῦλόν ἐστιν.

20

1454 a 10 αἱ τραγ.: αἱ <νέαι> τραγ. coniec Vahlen ‖ 12 οὖν: οὖν <οἱ νῦν> coniec. Vahlen ‖ 19 τινα apogr.: τινα ᾖ AB τινα ἥτις ἂν ᾖ coni. Vahlen.

Entre esses <casos>, o primeiro, sabendo estar na iminência e não agir é o pior; pois contém o repulsivo e não é trágico; pois não contém *páthos*.[110] Exatamente por isso ninguém compõe desse modo, senão raramente, por exemplo, na Antígona, Hêmon diante de Creonte. E o de agir <sabendo> é o segundo <pior caso>.[111] Melhor é desconhecendo, agir, e tendo agido, reconhecer; pois o repulsivo não se adiciona e o reconhecimento é aterrador.[112]

1454 a

Mas o melhor <caso> é o último, quero dizer, por exemplo, no *Cresfontes*, Mérope está prestes a assassinar o filho e não o assassina, mas o reconheceu, e em *Ifigênia* a irmã <reconheceu> o irmão e, em *Hele*, o filho, estando prestes a entregar sua mãe, a reconhece.

5

Com efeito, por isso que foi dito há pouco,[113] as tragédias são acerca de muitas linhagens. Pois buscando não a partir da arte, mas por acaso <os poetas> encontraram tal situação para elaborar nos *mŷthoi*; são forçados, então, a recorrer a essas Casas,[114] a quantas tais paixões aconteceram.

10

Certamente, acerca da organização das ações de quais espécies é preciso serem os *mŷthoi*, ficou dito o suficiente.

15

Capítulo XV – Os caracteres e suas quatro qualidades

Quanto aos caracteres são quatro os pontos aos quais é preciso visar com sagacidade.[115] E, sem dúvida, um primordial é que sejam bons.[116] E terá caráter se, como foi referido,[117] o discurso ou a ação evidenciarem alguma escolha qualquer que seja; e será bom se for boa. E <isso> é possível em cada espécie <de caráter>; pois também existe uma mulher boa e um escravo, embora talvez, entre <esses caracteres>, a primeira seja inferior e o outro totalmente insignificante.

20

Δεύτερον
δὲ τὸ ἁρμόττοντα· ἔστι γὰρ ἀνδρεῖον μὲν τὸ ἦθος, ἀλλ᾽ οὐχ
ἁρμόττον γυναικὶ τὸ ἀνδρείαν [ἢ δεινὴν] εἶναι.
Τρίτον δὲ τὸ
ὅμοιον· τοῦτο γὰρ ἕτερον τοῦ χρηστὸν τὸ ἦθος καὶ ἁρμόττον
ποιῆσαι ὥσπερ εἴρηται.
Τέταρτον δὲ τὸ ὁμαλόν· κἂν γὰρ ἀνώμαλός τις ᾖ ὁ τὴν   25
μίμησιν παρέχων καὶ τοιοῦτον ἦθος ὑποτεθῇ, ὅμως ὁμα-
λῶς ἀνώμαλον δεῖ εἶναι. Ἔστι δὲ παράδειγμα πονηρίας μὲν
ἤθους μὴ ἀναγκαίου οἷον ὁ Μενέλαος ὁ ἐν τῷ Ὀρέστῃ, τοῦ
δὲ ἀπρεποῦς καὶ μὴ ἁρμόττοντος ὅ τε θρῆνος Ὀδυσσέως ἐν   30
τῇ Σκύλλῃ καὶ ἡ τῆς Μελανίππης ῥῆσις, τοῦ δὲ ἀνωμάλου
ἡ ἐν Αὐλίδι Ἰφιγένεια· οὐδὲν γὰρ ἔοικεν ἡ ἱκετεύουσα τῇ
ὑστέρᾳ.
Χρὴ δὲ καὶ ἐν τοῖς ἤθεσιν, ὥσπερ καὶ ἐν τῇ τῶν
πραγμάτων συστάσει, ἀεὶ ζητεῖν ἢ τὸ ἀναγκαῖον ἢ τὸ εἰκός,
ὥστε τὸν τοιοῦτον τὰ τοιαῦτα λέγειν ἢ πράττειν ἢ ἀναγκαῖον   35
ἢ εἰκός, καὶ τοῦτο μετὰ τοῦτο γίνεσθαι ἢ ἀναγκαῖον ἢ εἰκός.
Φανερὸν οὖν ὅτι καὶ τὰς λύσεις τῶν μύθων ἐξ αὐτοῦ δεῖ τοῦ
μύθου συμβαίνειν, καὶ μὴ ὥσπερ ἐν τῇ Μηδείᾳ ἀπὸ μη-   1454 b
χανῆς καὶ ἐν τῇ Ἰλιάδι τὰ περὶ τὸν ἀπόπλουν· ἀλλὰ μη-
χανῇ χρηστέον ἐπὶ τὰ ἔξω τοῦ δράματος, ἢ ὅσα πρὸ τοῦ
γέγονεν, ἃ οὐχ οἷόν τε ἄνθρωπον εἰδέναι, ἢ ὅσα ὕστερον, ἃ
δεῖται προαγορεύσεως καὶ ἀγγελίας· ἅπαντα γὰρ ἀποδί-   5
δομεν τοῖς θεοῖς ὁρᾶν. Ἄλογον δὲ μηδὲν εἶναι ἐν τοῖς πρά-
γμασιν, εἰ δὲ μή, ἔξω τῆς τραγῳδίας, οἷον τὸ ἐν τῷ
Οἰδίποδι τῷ Σοφοκλέους.

---

21 τὸ Β:τὰ Α || τὸ ἦθος Α: Hermann || 22 γυναικὶ τὸ apogr.: γυναικὶ
τῶι Α γυναικὶ οὐ τῶι Β unde γυναικὶ οὕτως coni. Vahlen (cf. *Polit.* 1277
b 20) assentit Rostagni γυναικείῳ τὸ Bywater || ἢ δεινὴν delevi; non
ad indolem enim pertinet ἡ δεινότης; fortasse primitus δειλήν glossa
in textum irrepsit. Pro τὸ ἀνδρείαν ἢ δεινὴν εἶναι legitur in Ar *ne ut
appareat quidem in ae omnino*, quod veram lectionem obtegere voluerunt
quidam; ita ὥστε μηδὲ φαίνεσθαι καθόλου coni. Diels. Ex verbi "ne ut
appareat" δῆλε pro δειλῇ legisse Syrum suspicor. 27 ὑποτεθῇ Β = Ar:
ὑποτιθείς Α || 29 ἀναγκαίου apogr.: ἀναγκαῖον Thurot || 37 τοῦ μύθου
ΑΒ: τοῦ ἤθους legebat Syrus, probant Gudeman, Rostagni, sed v. adnot
|| 1454 b 2 ἀπόπλουν apogr. = Ar: ἁπλοῦν ΑΒ || 4 ἃ οὐχ Α: ἢ ὅσα οὐχ Β =
Ar || οἷόν τε Β: οἴονται Α || 9 ἢ ἡμεῖς Β: ἡμᾶς Α ἢ χαθ᾽ ἡμᾶς coni. Stahr.

Em segundo lugar, que seja adequado; pois é possível um caráter corajoso, mas não sendo adequado à mulher o ser corajoso ou terrível.

E o terceiro <ponto> é a semelhança. Com efeito, isso é diferente de compor o caráter bom e adequado como ficou dito.

O quarto é a coerência.[118] Pois ainda que alguém seja incoerente, quem apresenta a *mímesis* tendo proposto tal caráter, não obstante, é preciso ser incoerente de modo coerente. É paradigma de vileza não necessária, por exemplo, o Menelau no *Orestes* e de impróprio e inconveniente, o lamento de Odisseu na Cila e a fala de Melanipa, e de <caráter> inconstante a Ifigênia em Áulis; pois em nada se parece a suplicante com a que vem depois.[119]

E é mister não só nos caracteres, mas também na organização das ações, sempre buscar o necessário e o verossímil de modo a ser necessário ou verossímil o semelhante falar ou fazer coisas semelhantes e ser necessário e verossímil isso depois daquilo se produzir.

É evidente, então, que também as soluções[120] dos *mŷthoi* é preciso do próprio *mŷthos* decorrerem, e não, como em *Medeia*, a partir de máquina,[121] e na *Ilíada* o que concerne ao reembarque das naus,[122] mas se deve fazer uso de máquina para os eventos fora do drama, ou para quantos ocorreram antes do <drama> os quais não é possível o homem saber ou para quantos <ocorrerão> depois, os quais precisam de predições e anúncios, pois atribuímos aos deuses ver tudo sem exceção. Também nada irracional[123] é possível existir nas ações, mas, caso contrário, fora da tragédia <é possível existir>, como no *Édipo* de Sófocles.

Ἐπεὶ δὲ μίμησίς ἐστιν ἡ τραγῳδία βελτιόνων ἢ ἡμεῖς, δεῖ μιμεῖσθαι τοὺς ἀγαθοὺς εἰκονογράφους· καὶ γὰρ ἐκεῖνοι ἀποδιδόντες τὴν ἰδίαν μορφήν, ὁμοίους 10 ποιοῦντες καλλίους γράφουσιν· Οὕτω καὶ τὸν ποιητὴν μιμούμενον καὶ ὀργίλους καὶ ῥᾳθύμους καὶ τἆλλα τὰ τοιαῦτα ἔχοντας ἐπὶ τῶν ἠθῶν, τοιούτους ὄντας ἐπιεικεῖς ποιεῖν [παράδειγμα σκληρότητος], οἷον τὸν Ἀχιλλέα ἀγαθὸν καὶ Ὅμηρος. Ταῦτα δὴ διατηρεῖν, καὶ πρὸς τούτοις τὰ παρὰ τὰς ἐξ 15 ἀνάγκης ἀκολουθούσας αἰσθήσεις τῇ ποιητικῇ· καὶ γὰρ κατὰ ταῦτα ἔστιν ἁμαρτάνειν πολλάκις· Εἴρηται δὲ περὶ αὐτῶν τοῖς ἐκδεδομένοις λόγοις ἱκανῶς.

16

Ἀναγνώρισις δὲ τί μέν ἐστιν, εἴρηται πρότερον· εἴδη δὲ ἀναγνωρίσεως, πρώτη μὲν ἡ ἀτεχνοτάτη, καὶ ᾗ πλείστη 20 χρῶνται δι᾽ ἀπορίαν, ἡ διὰ τῶν σημείων. Τούτων δὲ τὰ μὲν σύμφυτα, οἷον « λόγχην ἣν φοροῦσι Γηγενεῖς » ἢ ἀστέρας οἵους ἐν τῷ Θυέστῃ Καρκίνος, τὰ δὲ ἐπίκτητα, καὶ τούτων τὰ μὲν ἐν τῷ σώματι, οἷον οὐλαί, τὰ δὲ ἐκτός, οἷον τὰ περιδέραια, καὶ οἷα ἐν τῇ Τυροῖ διὰ τῆς σκάφης.

Ἔστι δὲ καὶ 25 τούτοις χρῆσθαι ἢ βέλτιον ἢ χεῖρον, οἷον Ὀδυσσεὺς διὰ τῆς οὐλῆς ἄλλως ἀνεγνωρίσθη ὑπὸ τῆς τροφοῦ καὶ ἄλλως ὑπὸ τῶν συβοτῶν· εἰσὶ γὰρ αἱ μὲν πίστεως ἕνεκα ἀτεχνότεραι, καὶ αἱ τοιαῦται πᾶσαι, αἱ δὲ ἐκ περιπετείας, ὥσπερ ἡ ἐν τοῖς Νίπτροις, βελτίους.

---

13 παράδειγμα σκληρότητος secl. Ritter ‖ 15 τὰ παρὰ τὰς vel. τὰς παρὰ τὰ apogr.: τὰς παρὰ τὰς A τὰς πάντας B. ‖ 16 κατὰ ταῦτα B: κατ᾽ αὐτάς A ‖ 24 οἷον τὰ περιδέραια B: τὰ περιδέρρεα A ‖ 25 οἷα Rostagni: οἷα B οἳ A.

E já que a tragédia é *mímesis* de melhores que nós, é preciso mimetizar os bons pintores de retratos; e, com efeito, estes, ao conferir-lhes sua forma peculiar, seme- 10 lhantes os fazendo, mais belos os pintam; assim também <é mister que> o poeta, ao mimetizar os irascíveis e os indolentes e outros tendo atributos semelhantes em seus caracteres, mesmo sendo tais, os compor modelares; [paradigma de dureza], por exemplo, também Homero <retratou> Aquiles bom.

<É preciso> então observar atentamente isso e, além disso, as coisas relativas às sensações que acom- 15 panham por necessidade a arte poética; pois também nisso é possível errar frequentemente; mas já foi dito o bastante sobre essas coisas nas obras publicadas.[124]

Capítulo XVI – O reconhecimento e suas espécies

Reconhecimento, o que é, ficou dito antes.[125] Mas, quanto às espécies de reconhecimento, a primeira é a mais desprovida de arte possível, a qual muitas vezes 20 empregam por falta de recursos, o <reconhecimento> por meio de sinais. E, dentre esses, uns são inatos, por exemplo, "a lança que portam os filhos da Terra" ou estrelas[126] que, no *Tiestes,* Cárcino <emprega> e outros, adquiridos, e dentre esses, uns no corpo como cicatrizes, outros fora <dele>, por exemplo os colares, ou como em *Tiro,*[127] por meio da cesta.

E também é possível usar esses <sinais>, ou me- 25 lhor ou pior, por exemplo, Odisseu por meio da cicatriz, de um modo foi reconhecido por sua ama e, de outro, pelos porqueiros;[128] com efeito, são os reconhecimentos para fim de prova os mais sem arte possível e todos os desse tipo, mas os oriundos de peripécia, como na cena do banho,[129] melhores.

Δεύτεραι δὲ αἱ πεποιη- 30
μέναι ὑπὸ τοῦ ποιητοῦ, διὸ ἄτεχνοι· οἷον Ὀρέστης ἐν τῇ
Ἰφιγενείᾳ ἀνεγνώρισεν ὅτι Ὀρέστης· ἐκείνη μὲν γὰρ διὰ τῆς
ἐπιστολῆς, ἐκεῖνος δὲ αὐτὸς λέγει ἃ βούλεται ὁ ποιητὴς ἀλλ᾽
οὐχ ὁ μῦθος· Διὸ τι ἐγγὺς τῆς εἰρημένης ἁμαρτίας ἐστίν·
ἐξῆν γὰρ ἂν ἔνια καὶ ἐνεγκεῖν. Καὶ ἐν τῷ Σοφοκλέους Τηρεῖ ἡ 35
τῆς κερκίδος φωνή.

Ἡ τρίτη δὲ διὰ μνήμης, τῷ αἰσθέσθαι
τι ἰδόντα, ὥσπερ ἡ ἐν Κυπρίοις τοῖς Δικαιογένους· ἰδὼν γὰρ 1455 a
τὴν γραφὴν ἔκλαυσεν· καὶ ἡ ἐν Ἀλκίνου ἀπολόγῳ· ἀκούων
γὰρ τοῦ κιθαριστοῦ καὶ μνησθεὶς ἐδάκρυσεν· ὅθεν ἀνεγν-
ωρίσθησαν.

Τετάρτη δὲ ἡ ἐκ συλλογισμοῦ, οἷον ἐν Χοηφόροις, ὅτι
ὅμοιός τις ἐλήλυθεν, ὅμοιος δὲ οὐθεὶς ἀλλ᾽ ἢ Ὀρέστης· οὗτος 5
ἄρα ἐλήλυθεν.

Καὶ ἡ Πολυίδου τοῦ σοφιστοῦ περὶ τῆς Ἰφι-
γενείας· εἰκὸς γὰρ τὸν Ὀρέστην συλλογίσασθαι ὅτι ἥ τ᾽
ἀδελφὴ ἐτύθη καὶ αὐτῷ συμβαίνει θύεσθαι. Καὶ ἐν τῷ
Θεοδέκτου Τυδεῖ, ὅτι ἐλθὼν ὡς εὑρήσων υἱὸν αὐτὸς ἀπόλ-
λυται. Καὶ ἡ ἐν τοῖς Φινείδαις· ἰδοῦσαι γὰρ τὸν τόπον συνε- 10
λογίσαντο τὴν εἱμαρμένην, ὅτι ἐν τούτῳ εἵμαρτο ἀποθανεῖν
αὐταῖς· καὶ γὰρ ἐξετέθησαν ἐνταῦθα.

Ἔστι δέ τις καὶ συν-
θετὴ ἐκ παραλογισμοῦ τοῦ θεάτρου, οἷον ἐν τῷ Ὀδυσσεῖ τῷ
ψευδαγγέλῳ· τὸ μὲν γὰρ τὸ τόξον ἐντείνειν, ἄλλον δὲ μηδένα,
πεποιημένον ὑπὸ τοῦ ποιητοῦ καὶ ὑπόθεσις, [καὶ εἴγε τὸ 15

31 Ὀρέστης A: om. B || 32 ἀνεγνώρισεν ὅτι Ὀρέστης AB: ἀνεγνωρίσθη
ὅτι Ὀρέστης corr. Spengel, sed recte interpretatur Ritter: manifestum
fecit se esse Orestem; cf. 1452 b 5 ἀμφοτέρους δεῖ ἀναγνωρίσαι; 1455
b 9 θύεσθαι μέλλων ἀνεγνώρισεν; 1455 b 21 ἀναγνωρίσας || 34 διό
τε Bywater: δι᾽ ὅτι || 35 ἂν om. B || 36 ἡ τῆς κερκίδος φωνή AB: vocem
radii contempti Ar, quac verba τῆς ἀναύδου κερκίδος φωνήν reddero coni.
W. R. Hardie. 1455 a 1 τοῖς apogr.: τῆς AB || 6 Πολυίδου Tyrwhitt:
Πολυείδους AB || 7 γὰρ A: γὰρ ἔφη B || || 10 Φινείδαις corr. Reiz: Φινίδαις
AB. || 13 θεάτρου AB = Ar: θατέρου Hermann, Butcher, Bywater ||
14 τὸ μὲν AB: ὁ μὲν apogr. || ἐντείνειν... εἴγε τὸ τόξον B: desunt haec
verba in A; per homoeoteleuton intercidisse vidit Margoliouth. Legitur
in Ar nam arcum quidem dixit quod non posset quisquam alius; ET
dixerat illud poeta; inque narratione etiam quae venerat de illo narra-
tum est de re arcus quod certo sciturus erat quod non vidisset, v. adnot.

E em segundo lugar,[130] os <reconhecimentos> fa- 30
bricados pelo poeta, e, por isso, sem arte. Por exemplo,
Orestes em *Ifigênia* fez reconhecer que <era> Orestes;
ela, por um lado, com efeito, <o fez> por meio de carta,
mas ele mesmo, por outro, diz o que quer o poeta, mas
não o *mŷthos*;[131] por isso é algo semelhante ao erro
já mencionado, pois seria possível também ele trazer
consigo alguns <sinais>. E, no *Tereu*, de Sófocles, a voz 35
da lançadeira.

O terceiro <reconhecimento>, por meio da me-
mória, por se dar conta ao ver algo, por exemplo, o 1455 a
dos *Cíprios* de Dicaiógenes, pois, ao ver o retrato, cho-
rou, e o do relato de Alcínoo, pois, ao ouvir o citarista,
tendo-se lembrado, desfez-se em lágrimas;[132] daí foram
reconhecidos.

E o quarto, o oriundo de um silogismo, por exem-
plo, nas *Coéforas,* porque alguém semelhante <a mim>
chegou, mas ninguém é semelhante <a mim> senão 5
Orestes, então, Orestes chegou.[133]

E o do sofista Poliido sobre Ifigênia, pois é veros-
símil Orestes concluir, porque a irmã foi sacrificada,
que também a ele resulta ser sacrificado. E no *Tideu* de
Teodectes, porque, tendo chegado para encontrar o
filho, ele mesmo perece. E o das *Finidas*, pois ao ve- 10
rem <elas> o local deduzem seu destino: que ali foram
destinadas a morrer elas próprias, pois também foram
expostas[134] ali.

Mas existe também um, composto a partir de um
paralogismo próprio do teatro[135] como em *Odisseu, o
falso mensageiro*; pois, por um lado, certamente, o fato
de ele estender o arco e ninguém mais foi fabricado
pelo poeta como uma hipótese, [e mesmo se dissesse 15

τόξον ἔφη γνώσεσθαι ὃ οὐχ ἑωράκει] τὸ δὲ ὡς δὴ ἐκείνου ἀναγνωριοῦντος διὰ τούτου ποιῆσαι παραλογισμός.

Πασῶν δὲ βελτίστη ἀναγνώρισις ἡ ἐξ αὐτῶν τῶν πραγμάτων, τῆς ἐκπλήξεως γιγνομένης δι᾽ εἰκότων, οἷον ἐν τῷ Σοφοκλέους Οἰδίποδι καὶ τῇ Ἰφιγενείᾳ· εἰκὸς γὰρ βούλεσθαι ἐπιθεῖναι 20 γράμματα. Αἱ γὰρ τοιαῦται μόναι ἄνευ τῶν πεποιημένων, σημείων καὶ δεραίων. Δεύτεραι δὲ αἱ ἐκ συλλογισμοῦ.

17

Δεῖ δὲ τοὺς μύθους συνιστάναι καὶ τῇ λέξει συναπεργάζεσθαι ὅτι μάλιστα πρὸ ὀμμάτων τιθέμενον (οὕτω γὰρ ἂν ἐναργέστατα [ὁ] ὁρῶν, ὥσπερ παρ᾽ αὐτοῖς γιγνόμενος τοῖς 25 πραττομένοις, εὑρίσκοι τὸ πρέπον καὶ ἥκιστ᾽ ἂν λανθάνοιτο τὰ ὑπεναντία. Σημεῖον δὲ τούτου ὃ ἐπετιμᾶτο Καρκίνῳ· ὁ γὰρ Ἀμφιάραος ἐξ ἱεροῦ ἀνῄει, ὃ μὴ ὁρῶντα [τὸν θεατὴν] ἐλάνθανεν, ἐπὶ δὲ τῆς σκηνῆς ἐξέπεσε, δυσχερανάντων τοῦτο τῶν θεατῶν). ὅσα δὲ δυνατὸν καὶ τοῖς σχήμασι συναπερ- 30 γαζόμενον·

Πιθανώτατοι γὰρ ἀπὸ τῆς αὐτῆς φύσεως οἱ ἐν τοῖς πάθεσίν εἰσι, καὶ χειμαίνει ὁ χειμαζόμενος καὶ χαλεπαίνει ὁ ὀργιζόμενος ἀληθινώτατα. Διὸ εὐφυοῦς ἡ ποιητική ἐστιν ἢ μανικοῦ· τούτων γὰρ οἱ μὲν εὔπλαστοι οἱ δὲ ἐκστατικοί εἰσιν.

Τούς τε λόγους καὶ τοὺς πεποιημένους δεῖ 35 καὶ αὐτὸν ποιοῦντα ἐκτίθεσθαι καθόλου, εἶθ᾽ οὕτως ἐπεισοδιοῦν 1455 b καὶ παρατείνειν.

---

16 γνώσεσθαι (= Ar sciturus erat) Α: ἐντείνειν Β || ἑωράκοι Β: ἑωράκει Α || δὴ Tyrwhitt: δι᾽ ΑΒ || 17 παραλογισμός Β = Ar: παραλογισμόν Α || 19 ἐκπλήξεως apogr.: πλήξεως ΑΒ || οἷον Β: οἶον ὁ Α || 25 ὁ ΑΒ secl. nonnulli, defendit Vahlen || 28 ἀνῄει Β, cf. Ar ascendit: ἂν εἴη Α || ὁρῶντα ΑΒ: ὁρῶντ᾽ ἂν corr. Vahlen, cf. Ar lateret spectatorem || τὸν θεατὴν ΑΒ secl. Gomperz, Butcher: τὸν ποιητὴν Dacier || 35 ἐκστατικοί Β: ἐξεταστικοί Α quid Syrus legerit ex Ar non liquet || τούς τε Β: τούτους τε Α || 1455 b 1 ἐπεισοδιοῦν Β: ἐπεισοδίου Α.

haver de reconhecer o arco que não vira], o fato, por outro, de fazer por meio disso que se dê a reconhecer é paralogismo.[136]

Mas, entre todos, o melhor reconhecimento é o oriundo das próprias ações, produzindo-se o aturdimento por meio de ações verossímeis, como no *Édipo* de Sófocles 20 e em *Ifigênia*; com efeito, <é> verossímil ela ter querido confiar uma carta. Pois tais são os únicos <reconhecimentos> sem sinais nem colares fabricados. E os segundos <melhores> <são> os oriundos de um silogismo.

Capítulo XVII – Prescrições aos poetas

E é preciso <os poetas> organizarem os *mŷthoi* pela elocução, ajudando-os a se aperfeiçoarem colocando-os o mais possível diante de seus olhos;[137] (pois assim, vendo-os[138] o mais claramente possível 25 como se estivesse diante das próprias ações, <ele> descobriria o que convém e lhe escapariam minimamente as contradições. E prova disso é o que se reprovava a Cárcino: com efeito, Anfiarau saía do templo, o que, se não o vê <o poeta>, [ao espectador] escapa também, e em cena <a tragédia> fracassou, por terem-se desagradado os espectadores quanto a isso). E, o quanto possí- 30 vel, mediante atitudes, ajudando-os a se aperfeiçoarem.

Pois os <poetas> mais persuasivos, a partir da própria natureza são os envolvidos nas paixões, e quem é agitado agita e quem é irritado irrita[139] o mais verdadeiramente possível. Por isso, a arte poética é própria dos de talento natural ou do frenético, pois, entre esses, uns são moldáveis, e os outros são extáticos.

E os argumentos, seja os já compostos, seja ele 35 mesmo os compondo, é preciso <o poeta> os expor para si de forma geral e, em seguida, do mesmo modo, 1455 b introduzir os episódios e desenvolver aqueles.[140]

Λέγω δὲ οὕτως ἂν θεωρεῖσθαι τὸ καθόλου, οἷον τῆς Ἰφιγενείας· Τυθείσης τινὸς κόρης καὶ ἀφανισθείσης ἀδήλως τοῖς θύσασιν, ἱδρυνθείσης δὲ εἰς ἄλλην χώραν, ἐν ᾗ νόμος ἦν τοὺς ξένους θύειν τῇ θεῷ, ταύτην ἔσχε τὴν ἱερω- 5 σύνην· Χρόνῳ δὲ ὕστερον τῷ ἀδελφῷ συνέβη ἐλθεῖν τῆς ἱερείας· Τὸ δὲ ὅτι ἀνεῖλεν ὁ θεὸς διά τιν᾽ αἰτίαν [ἔξω τοῦ καθόλου] ἐλθεῖν ἐκεῖ, καὶ ἐφ᾽ ὅ τι δὲ, ἔξω τοῦ μύθου· Ἐλθὼν δὲ καὶ ληφθεὶς θύεσθαι μέλλων ἀνεγνώρισεν (εἴθ᾽ ὡς Εὐριπίδης εἴθ᾽ ὡς Πολύιδος ἐποίησεν, κατὰ τὸ εἰκὸς εἰπὼν ὅτι 10 οὐκ ἄρα μόνον τὴν ἀδελφὴν ἀλλὰ καὶ αὐτὸν ἔδει τυθῆναι) καὶ ἐντεῦθεν ἡ σωτηρία.

Μετὰ ταῦτα δὲ ἤδη ὑποθέντα τὰ ὀνόματα ἐπεισοδιοῦν· ὅπως δὲ ἔσται οἰκεῖα τὰ ἐπεισόδια, οἷον ἐν τῷ Ὀρέστῃ ἡ μανία δι᾽ ἧς ἐλήφθη, καὶ ἡ σωτηρία διὰ τῆς καθάρσεως.

Ἐν μὲν οὖν τοῖς δράμασι τὰ ἐπεισόδια 15 σύντομα, ἡ δ᾽ ἐποποιία τούτοις μηκύνεται. Τῆς γὰρ Ὀδυσσείας <οὐ> μακρὸς ὁ λόγος ἐστίν· ἀποδημοῦντός τινος ἔτη πολλὰ καὶ παραφυλαττομένου ὑπὸ τοῦ Ποσειδῶνος καὶ μόνου ὄντος, ἔτι δὲ τῶν οἴκοι οὕτως ἐχόντων ὥστε τὰ χρήματα ὑπὸ μνηστήρων ἀναλίσκεσθαι καὶ τὸν υἱὸν ἐπιβου- 20 λεύεσθαι, αὐτὸς δὲ ἀφικνεῖται χειμασθείς, καὶ ἀναγνωρίσας τινάς, αὐτὸς ἐπιθέμενος, αὐτὸς μὲν ἐσώθη τοὺς δ᾽ ἐχθροὺς διέφθειρεν.

Τὸ μὲν οὖν ἴδιον τοῦτο, τὰ δ᾽ ἄλλα ἐπεισόδια.

---

2 παρατείνειν B: περιτείνειν A || 7 εξω τοῦ χαθόλου secl. Duentzer. || 15 δράμασι B: ἄρμασιν A. || 17 οὐ suppl. Vulcanius = Ar || 21 ἀναγνωρίσας τινὰς A defendit Vahlen collato Diod. Sic. IV 59, 6; verbum τινὰς tuetur Ar *cum agnovisset quosdam*: ἀναγνωρισθεὶς B ἀναγνωρίσας ὅτι conj. Bywater || 22 αὐτός (post τινὰς) A: om. B αὐτοῖς Bekker.

E com "do mesmo modo" quero dizer <que o poeta> examinaria o concernente ao todo, por exemplo, <o argumento> de *Ifigênia*; ao ser sacrificada, uma jovem, tendo também desaparecido dos sacrificadores, e estabelecida em outra região, em que lei era sacrificar 5 os estrangeiros à deusa, obteve esse sacerdócio; algum tempo depois, ocorreu ao irmão da sacerdotisa chegar, mas o chegar lá que lhe ordena o deus por alguma causa é externo ao todo, e também o para que[141] é <externo> ao *mŷthos*; mas, tendo chegado, foi capturado e, prestes a ser sacrificado, se fez reconhecer, quer como Eurípides, quer como Poliido o compusera, 10 conforme o verossímil, dizendo que então não só sua irmã mas também ele era preciso serem sacrificados, e daí a salvação.

E, depois disso, já supostos os nomes <é preciso> introduzir os episódios, mas de modo a que os episódios sejam apropriados, por exemplo, no *Orestes* a loucura por causa da qual foi capturado e a salvação mediante a catarse.[142]

Certamente, nos dramas os episódios são cur- 15 tos, mas a epopeia, por causa deles, se estende. Com efeito, o argumento da *Odisseia* não é longo: ausente alguém por muitos anos, vigiado de perto por Posídon, e estando só, e, ainda, estando as coisas em sua casa de modo tal que seus bens são consumidos por pretendentes e seu filho é objeto de tramas, mas ele pró- 20 prio chega, sacudido por tempestades, e dando-se a reconhecer por alguns e tendo atacado, ele mesmo foi salvo e os inimigos destruiu.

O próprio do argumento <é> isso, e o resto, episódios.

18

Ἔστι δὲ πάσης τραγῳδίας τὸ μὲν δέσις τὸ δὲ λύσις·
τὰ μὲν ἔξωθεν καὶ ἔνια τῶν ἔσωθεν πολλάκις ἡ δέσις, τὸ 25
δὲ λοιπὸν ἡ λύσις. Λέγω δὲ δέσιν μὲν εἶναι τὴν ἀπ᾽ ἀρ-
χῆς μέχρι τούτου τοῦ μέρους ὃ ἔσχατόν ἐστιν, ἐξ οὗ μεταβαί-
νειν εἰς εὐτυχίαν <συμβαίνει> ἢ εἰς ἀτυχίαν, λύσιν δὲ τὴν ἀπὸ
τῆς ἀρχῆς τῆς μεταβάσεως μέχρι τέλους· ὥσπερ ἐν τῷ Λυγκεῖ
τῷ Θεοδέκτου δέσις μὲν τά τε προπεπραγμένα καὶ ἡ τοῦ 30
παιδίου λῆψις καὶ πάλιν ἡ αὐτῶν δὴ... <λύσις δ᾽ ἡ> ἀπὸ τῆς
αἰτιάσεως τοῦ θανάτου μέχρι τοῦ τέλους.

Τραγῳδίας δὲ εἴδη εἰσὶ τέσσαρα· [τοσαῦτα γὰρ καὶ
τὰ μέρη ἐλέχθη]. Ἡ μὲν πεπλεγμένη, ἧς τὸ ὅλον ἐστὶ πε-
ριπέτεια καὶ ἀναγνώρισις· ἡ δὲ <ἁπλῆ... ἡ δὲ> παθητική, οἷον 35
οἵ τε Αἴαντες καὶ οἱ Ἰξίονες· ἡ δὲ ἠθική, οἷον αἱ Φθιώτιδες 1456 a
καὶ ὁ Πηλεύς· τὸ δὲ τερατῶδες... οἷον αἵ τε Φορκίδες καὶ Προ-
μηθεὺς καὶ ὅσα ἐν ἄδου.

Μάλιστα μὲν οὖν ἅπαντα δεῖ πειρᾶ-
σθαι ἔχειν, εἰ δὲ μή, τὰ μέγιστα καὶ πλεῖστα, ἄλλως τε
καὶ ὡς νῦν συκοφαντοῦσι τοὺς ποιητάς· γεγονότων γὰρ καθ᾽ 5
ἕκαστον μέρος ἀγαθῶν ποιητῶν, ἑκάστον τοῦ ἰδίου ἀγαθοῦ
ἀξιοῦσι τὸν ἕνα ὑπερβάλλειν.

Δίκαιον δὲ καὶ τραγῳδίαν
ἄλλην καὶ τὴν αὐτὴν λέγειν οὐδὲν ἴσως τῷ μύθῳ. Τοῦτο δέ,
ὧν ἡ αὐτὴ πλοκὴ καὶ λύσις. Πολλοὶ δὲ πλέξαντες εὖ
λύουσι κακῶς· δεῖ δὲ ἄμφω ἀεὶ κρατεῖσθαι.

28 συμβαίνει suppl. Vahlen ‖ ἢ εἰς ἀτυχίαν B = Ar: om. A ‖ 31 δή
AB: δὴ <ἀπαγωγή> coni. Vahlen δή <λωσις> Christ; lacunam statuimus
‖ λύσις δ᾽ ἡ apogr. = Ar ‖ 32 θανάτου pro Δανάου stare coni. Vahlen.
‖ 33-34 τοσαῦτα... ἐλέχθη secl. Susemihl; verba τοιαῦτα (postea in
τοσαῦτα corrupt.)... ἐλέχθη ex marg. in textum irrepsisse suspicor ‖
35 ἁπλῆ... ἡ δέ ex initio cap. XXIV suppl.; alia intercidisse videntur ‖
1456 a 2 τερατῶδες coni. Schrader; in textum, quod rarissime, accepit
Vahlen, collatis cap XIV, 1456 b 8 sq. οἱ δὲ... τὸ τερατῶδες μόνον
παρασκευάζοντες ET Vita Aeschyli ταῖς τε γὰρ ὄψεσι καὶ τοῖς μύθοις
πρὸς ἔκπληξιν τερατώδη μᾶλλον ἢ πρὸς ἀπάτην κέχρηται: τέταρτον ὁης
AB τέταρτον ὄψιν scribit Bywater (assentit Rostagni) qui ὄψιν assumit
quartum genus tragoediae, id est tragoedia quae spectaculo praecellit.
Postτερατῶδες inseruit ἀλλότριον Wecklein; lacunam statuimus ‖ ‖ 6
ἕκαστον AB: ἑκάστου apogr. ‖ ἰδίου A: οἰκείου B ‖ 8 οὐδὲν ἴσως AB:
οὐδενὶ ἴσως post Tyrwhitt scribunt plerique οὐδενὶ ἴσως ὡς Bonitz.

Capítulo XVIII – Complicação e solução[143] da tragédia

É própria de toda tragédia, por um lado, a complicação, e por outro, a solução; os eventos exteriores e   25
alguns dentre os interiores <à tragédia> <são> frequentemente a complicação, e o restante, a solução; e digo
a complicação ser a <ação> desde o princípio <desses
eventos> até aquela parte que é o extremo a partir da
qual <a ação> transita para a fortuna ou para o infortúnio, e a solução, a <ação> desde o princípio da transição
até o fim,[144] exatamente como no *Linceu* de Teodectes,   30
a complicação, por um lado, são as ações pregressas e
a ação da captura, do filho e de novo a ação da captura
deles...[145] <a solução, por outro> a desde a imputação
da morte até o fim.

E as espécies de tragédia são quatro[146] [tais, com
efeito, também foram designadas suas partes[147]]: a complexa; da qual, em suma, são próprias a peripécia e o
reconhecimento, a patética <e... a simples>, como os
Ájaces[148] e os Ixíones,[149] a de caráter como as *Ftiótidas*[150]   1456 a
e o Peleu; e a de aspecto monstruoso...,[151] como a Fórcides e o Prometeu e quantas no Hades.

Ao máximo, certamente, todas é preciso <o poeta>
tentar conhecer, e se não, sobretudo as mais importantes   5
e a maioria delas quando agora caluniam os poetas; pois
tendo havido, com efeito, em cada parte[152] <da tragédia>
bons poetas, na boa qualidade própria de cada um se
requer que um único <poeta> os supere.

Mas em nada é justo talvez dizer a tragédia <ser> a
mesma ou outra por causa do mito; mas <dizer> isso daquelas em que <existem> a mesma complicação e solução.[153] E muitos usando bem a complicação solucionam
mal; mas é preciso ambos serem sempre aplaudidos.

Χρὴ δέ, ὅπερ 10
εἴρηται πολλάκις, μεμνῆσθαι καὶ μὴ ποιεῖν ἐποποιικὸν σύ-
στημα τραγῳδίαν (ἐποποιικὸν δὲ λέγω τὸ πολύμυθον) οἷον
εἴ τις τὸν τῆς Ἰλιάδος ὅλον ποιοῖ μῦθον. Ἐκεῖ μὲν γὰρ
διὰ τὸ μῆκος λαμβάνει τὰ μέρη τὸ πρέπον μέγεθος, ἐν
δὲ τοῖς δράμασι πολὺ παρὰ τὴν ὑπόληψιν ἀποβαίνει. Ση- 15
μεῖον δέ, ὅσοι πέρσιν Ἰλίου ὅλην ἐποίησαν καὶ μὴ κατὰ
μέρος, ὥσπερ Εὐριπίδης <ἢ> Νιόβην, καὶ μὴ ὥσπερ Αἰσχύλος,
ἢ ἐκπίπτουσιν ἢ κακῶς ἀγωνίζονται, ἐπεὶ καὶ Ἀγάθων ἐξέ-
πεσεν ἐν τούτῳ μόνῳ.
Ἐν δὲ ταῖς περιπετείαις [καὶ ἐν τοῖς
ἁπλοῖς πράγμασι] στοχάζονται ὧν βούλονται θαυμαστῶς· 20
τραγικὸν γὰρ τοῦτο καὶ φιλάνθρωπον. Ἔστι δὲ τοῦτο ὅταν
ὁ σοφὸς μὲν μετὰ πονηρίας δὲ ἐξαπατηθῇ, ὥσπερ Σίσυ-
φος, καὶ ὁ ἀνδρεῖος μὲν ἄδικος δὲ ἡττηθῇ. Ἔστι δὲ τοῦτο
εἰκός, ὥσπερ Ἀγάθων λέγει· εἰκὸς γὰρ γίνεσθαι πολλὰ
καὶ παρὰ τὸ εἰκός.
Καὶ τὸν χορὸν δὲ ἕνα δεῖ ὑπολαβεῖν 25
τῶν ὑποκριτῶν, καὶ μόριον εἶναι τοῦ ὅλου, καὶ συναγωνίζε-
σθαι μὴ ὥσπερ Εὐριπίδῃ ἀλλ᾽ ὥσπερ Σοφοκλεῖ. Τοῖς δὲ
πολλοῖς τὰ ἀδόμενα οὐδὲν μᾶλλον τοῦ μύθου ἢ ἄλλης
τραγῳδίας ἐστίν· διὸ ἐμβόλιμα ᾄδουσι, πρώτου ἄρξαν-
τος Ἀγάθωνος [τοῦ τοιούτου]. Καίτοι τί διαφέρει ἢ ἐμβόλιμα 30
ᾄδειν ἢ εἰ ῥῆσιν ἐξ ἄλλου εἰς ἄλλο ἁρμόττοι ἢ ἐπεισόδιον
ὅλον;

19

Περὶ μὲν οὖν τῶν ἄλλων ἤδη εἴρηται, λοιπὸν δὲ περὶ
λέξεως καὶ διανοίας εἰπεῖν.

---

10 ἄμφω ἀεὶ κρατεῖσθαι Vahlen, collato *Polit.* 1331 b 37: ἀ. ἀ.
κροτεῖσθαι A ἀμφότερα ἀντικροτεῖσθαι B (ἀντικρατεῖσθαι Syrum legisse
videtur) ἀμφότερα ἀρτικροτεῖσθαι Immisch, probat Rostagni ‖ 13 ποιοῖ
A : ποιεῖ B. 17 ἢ add. Vahlen ‖ 19-20 καὶ ... πράγμασι secl. Susemihl,
deest in Ar ‖ 24 εἰκός A: καὶ εἰκός B = Ar. ‖ 28 πολλοῖς = Ar: λοιποῖς
AB ‖ ἀδόμενα Madius = Ar: διδόμενα AB ‖ οὐδὲν = Ar om. AB ‖ 30
τοῦ τοιούτου ex τοῦ ποιητοῦ (sic Ar) corruptum ex marg. in textum
irrepsisse suspicor ‖ 33 ἤδη apogr.: ἢδ᾽ A εἰδῶν B = Ar.

E é necessário, do que foi dito muitas vezes, 10
lembrar-se e não tornar uma sistematização épica uma
tragédia (e quero dizer com "épico" o multimítico)
como se alguém tornasse o todo da *Ilíada* um *mŷthos*.
Ali, de fato, por causa da extensão assumem as partes
a dimensão conveniente, mas nos dramas as <partes>
resultam muito contra essa assunção. E <é> prova 15
quantos a inteira destruição de Ílion compuseram e
não como uma parte como Eurípides, <ou> a *Níobe*,
e não como Ésquilo, ou fracassam ou competem mal
nos concursos pois também Agatão fracassou nesse
único <aspecto>.

Mas, nas peripécias [e nas ações simples,] atingem
o que pretendem admiravelmente; pois isso é trágico[154] e 20
caro ao humano.[155] E isso ocorre sempre que um homem
hábil mas com maldade seja enganado, como Sísifo, e
o corajoso mas injusto seja vencido; e isso é verossímil
exatamente como Agatão diz, pois é verossímil aconte-
cerem muitas coisas contra o verossímil.[156]

E também o coro, é preciso concebê-lo como 25
um dentre os atores, e ser uma parte do todo[157] e par-
ticipar da ação, não como em Eurípides, mas como
em Sófocles. Mas nos demais <poetas> as <partes>
cantadas[158] em nada mais são próprias do *mŷthos* que
de outra tragédia; por isso intercalam cantos, tendo 30
Agatão, por primeiro, iniciado [tal procedimento]. E,
de fato, o que difere interpolar cantos ou se <o poeta>
adaptar uma fala de um poema a outro ou mesmo um
episódio inteiro?

Capítulo XIX – Pensamento e elocução

Certamente sobre as outras partes[159] já ficou dito,
mas resta falar sobre a elocução e o pensamento.

Τὰ μὲν οὖν περὶ τὴν διάνοιαν ἐν τοῖς περὶ ῥητορικῆς κείσθω· τοῦτο γὰρ ἴδιον μᾶλλον ἐκείνης 35 τῆς μεθόδου. Ἔστι δὲ κατὰ τὴν διάνοιαν ταῦτα, ὅσα ὑπὸ τοῦ λόγου δεῖ παρασκευασθῆναι. Μέρη δὲ τούτων τό τε ἀποδεικνύναι καὶ τὸ λύειν καὶ τὸ πάθη παρασκευάζειν, οἷον ἔλεον ἢ φόβον ἢ ὀργὴν καὶ ὅσα τοιαῦτα, καὶ ἔτι μέγεθος 1456 b καὶ μικρότητα.

Δῆλον δὲ ὅτι καὶ [ἐν] τοῖς πράγμασιν ἀπὸ τῶν αὐτῶν ἰδεῶν δεῖ χρῆσθαι, ὅταν ἢ ἐλεεινὰ ἢ δεινὰ ἢ μεγάλα ἢ εἰκότα δέῃ παρασκευάζειν· Πλὴν τοσοῦτον διαφέρει, ὅτι τὰ μὲν δεῖ φαίνεσθαι ἄνευ διδασκαλίας, τὰ δὲ 5 ἐν τῷ λόγῳ ὑπὸ τοῦ λέγοντος παρασκευάζεσθαι καὶ παρὰ τὸν λόγον γίγνεσθαι. Τί γὰρ ἂν εἴη τοῦ λέγοντος ἔργον, εἰ φαίνοιτο ᾗ διάνοια καὶ μὴ διὰ τὸν λόγον;

Τῶν δὲ περὶ τὴν λέξιν ἓν μέν ἐστιν εἶδος θεωρίας τὰ σχήματα τῆς λέξεως, ἅ ἐστιν εἰδέναι τῆς ὑποκριτικῆς καὶ τοῦ τὴν τοιαύτην ἔχον- 10 τος ἀρχιτεκτονικήν, οἷον τί ἐντολὴ καὶ τί εὐχὴ καὶ διήγησις καὶ ἀπειλὴ καὶ ἐρώτησις καὶ ἀπόκρισις, καὶ εἴ τι ἄλλο τοιοῦτον.

Παρὰ γὰρ τὴν τούτων γνῶσιν ἢ ἄγνοιαν οὐδὲν εἰς τὴν ποιητικὴν ἐπιτίμημα φέρεται, ὅ τι καὶ ἄξιον σπουδῆς. Τί γὰρ ἄν τις ὑπολάβοι ἡμαρτῆσθαι ἃ Πρωταγόρας 15 ἐπιτιμᾷ, ὅτι εὔχεσθαι οἰόμενος ἐπιτάττει εἰπὼν "μῆνιν ἄειδε θεά"; τὸ γὰρ κελεῦσαι, φησί, ποιεῖν τι ἢ μὴ, ἐπίταξίς ἐστιν. Διὸ παρείσθω ὡς ἄλλης καὶ οὐ τῆς ποιητικῆς ὂν θεώρημα.

---

34 καὶ Hermann = Ar: ἢ ΑΒ ‖ 37 τούτων Α: τούτου Β. 1456 b 2 μικρότητα = Ar *exiguitatem*: μικρότητας ΑΒ ‖ ἐν secl. Ueberweg ‖ 3 ἰδεῶν apogr.: εἰδεῶν ΑΒ ‖ 6 παρὰ Α : περὶ Β ‖ 8 ἡ διάνοια Spengel, Buteher: ἡδέα ΑΒ = Ar defendunt Vahlen3, Róstagni ἤδη δι᾽αὐτὰ Susemihl ἢ δέοι Vahlen2 Bywater, alii aliter.

De fato, o que concerne ao pensamento fique estabelecido <o já dito> em nossos <escritos> sobre 35 retórica, pois isso é mais próprio daquela instrução.[160] É referente ao pensamento tudo quanto é preciso ser suscitado[161] pelo discurso. E são partes dessas coisas[162] o demonstrar, o refutar, o suscitar paixões, por exemplo, compaixão, terror ou ira e quantas semelhantes e ainda 1456 b a grandeza e a pequenez.[163]

E é evidente que também nas ações das mesmas formas é preciso se servir sempre que ou <efeitos> compassivos ou terríveis ou grandiosos ou verossímeis seja preciso suscitar.[164] Exceto no ponto em que diferem, porque as formas <na tragédia> é preciso se mostrar 5 sem intenção didática,[165] enquanto que as formas no discurso <é preciso> serem suscitadas pelo orador e se produzirem de acordo com o discurso. Pois qual seria a função do orador, se as coisas parecessem prazerosas também sem <o serem> através do discurso?[166]

Entre as coisas concernentes à elocução, uma espécie de estudo[167] são as figuras de elocução, as quais são próprias do ator e do que detém tal conhecimento 10 de direção, por exemplo, o que é uma ordem, o que é uma súplica, um relato, uma ameaça, uma pergunta, uma resposta e se algo semelhante <houver>.

Com efeito, por causa do conhecimento ou do desconhecimento dessas coisas nenhuma reprovação é ocasionada para a arte poética, o que também é digno de atenção. Como então alguém poderia considerar conter 15 erro o que Protágoras reprova, porque <Homero>, supondo suplicar, ordena, ao dizer "a ira canta, deusa";[168] pois, afirma ele, o mandar fazer algo ou não é uma ordem. Por essa razão, fique isso omitido, como sendo próprio de outra arte, mas não da poética.

20

Τῆς δὲ λέξεως ἁπάσης τάδ᾽ ἐστὶ τὰ μέρη, στοιχεῖον, 20
συλλαβή, σύνδεσμος, ἄρθρον, ὄνομα, ῥῆμα, πτῶσις, λόγος.

Στοιχεῖον μὲν οὖν ἐστι φωνὴ ἀδιαίρετος, οὐ πᾶσα δέ, ἀλλ᾽
ἐξ ἧς πέφυκε συνθετὴ γίνεσθαι φωνή· καὶ γὰρ τῶν θηρίων
εἰσὶν ἀδιαίρετοι φωναί, ὧν οὐδεμίαν λέγω στοιχεῖον. Ταύτης
δὲ μέρη τό τε φωνῆεν καὶ τὸ ἡμίφωνον καὶ ἄφωνον. Ἔστι 25
δὲ φωνῆεν μὲν <τὸ> ἄνευ προσβολῆς ἔχον φωνὴν ἀκουστήν,
ἡμίφωνον δὲ τὸ μετὰ προσβολῆς ἔχον φωνὴν ἀκουστήν,
οἷον τὸ Σ καὶ τὸ Ρ, ἄφωνον δὲ τὸ μετὰ προσβολῆς καθ᾽
αὑτὸ μὲν οὐδεμίαν ἔχον φωνήν, μετὰ δὲ τῶν ἐχόντων τινὰ
φωνὴν γινόμενον ἀκουστόν, οἷον τὸ Γ καὶ τὸ Δ. Ταῦτα 30
δὲ διαφέρει σχήμασί τε τοῦ στόματος καὶ τόποις καὶ
δασύτητι καὶ ψιλότητι καὶ μήκει καὶ βραχύτητι, ἔτι δὲ
ὀξύτητι καὶ βαρύτητι καὶ τῷ μέσῳ· περὶ ὧν καθ᾽ ἕκαστον
[ἐν] τοῖς μετρικοῖς προσήκει θεωρεῖν. Συλλαβὴ δ᾽ ἐστὶ
φωνὴ ἄσημος, συνθετὴ ἐξ ἀφώνου καὶ φωνὴν ἔχοντος· 35
καὶ γὰρ τὸ ΓΡ ἄνευ τοῦ Α συλλαβή, καὶ μετὰ τοῦ Α,
οἷον τὸ ΓΡΑ. Ἀλλὰ καὶ τούτων θεωρῆσαι τὰς διαφορὰς
τῆς μετρικῆς ἐστιν. Σύνδεσμος δ᾽ ἐστὶ φωνὴ ἄσημος, ἢ οὔτε
κωλύει οὔτε ποιεῖ φωνὴν μίαν σημαντικὴν ἐκ πλειόνων 1457 a
φωνῶν πεφυκυῖαν συντίθεσθαι, [καὶ ἐπὶ τῶν ἄκρων καὶ ἐπὶ
τοῦ μέσου], ἣν μὴ ἁρμόττει ἐν ἀρχῇ λόγου τιθέναι καθ᾽ αὑτόν,
οἷον μέν, <δ> ἤ, τοί, δέ· ἢ φωνὴ ἄσημος ἢ ἐκ πλειόνων μὲν φω-

---

21 ἄρθρον in AB post ῥῆμα positum huc transtulimus secundum
definitionum ordinem; secludunt nonnulli || 23 συνθετὴ apogr. = Ar;
cf. quod infra de syllaba dicitur: συνετὴ AB, defendit Bywater. 26 τό
add. Reiz. || 34 ἐν secl. Spengel collato de Part. animal. II 16, 660 a 7 δεῖ
πυνθάνεσθαι παρὰ τῶν μετρικῶν. || 36-37 καὶ γὰρ ... οἷον τὸ ΓΡΑ A, et B
omisso τὸ (cf. Metaphys. 1093 a 22) ; *nam G et R sine A non sunt syllaba,
quippe quum tantum fiant syllaba cum A; sed GRA est syllaba* Ar || 1457 a
2 πεφυκυῖαν συντίθεσθαι A: πεφυκυῖα συντίθεσθαι B πεφυκυῖα τιθεσθαι
coni. Winstanley; post πεφυκυῖαν συντίθεσθαι omissa esse verba περυκυῖα
τίθεσθαι coni. Vahlen || καὶ ... μέσου secl. Bywater || 3-10 verba post μέσου
usque ad καὶ ἐπὶ τοῦ μέσου omis. B || 4 δὴ τοί Bywater : ἤτοι A.

90   FILÔ

Capítulo XX – Partes da elocução

E de toda a elocução, as partes são estas: elemen- 20
to,[169] sílaba, conjunção, nome, verbo, artigo,[170] caso e
enunciado.

Elemento certamente é um som da voz indivisí-
vel e não qualquer um, mas a partir do qual se produz
naturalmente um som de voz convencional; com efeito,
são próprios também das feras sons de voz indivisíveis
entre os quais a nenhum chamo elemento.

E são partes[171] desta o elemento vogal, o semivogal 25
e o mudo.[172] É vogal o <elemento> sem impacto que
tem som audível, e semivogal,[173] o <elemento> com
impacto, tendo som audível,[174] como o Σ(S) e o P(R),
e mudo, o <elemento> com impacto, não tendo, por si
mesmo, nenhum som <audível>, mas <acompanhado>
dos que contêm algum som de voz, tornando-se audível,
por exemplo, o Γ(G) e o Δ(D).

E esses <elementos> diferem pelas conformações 30
da boca e pelos locais de articulação, pela aspereza e
brandura, pela longuidão e brevidade, e ainda pela agu-
deza, gravidade e pelo intermediário; o que diz respeito
a cada uma dessas coisas em particular, na métrica <é
que> convém contemplar.

E sílaba é um som de voz sem significado com- 35
posta de um <elemento> mudo e outro tendo som; pois
também o ΓP(GR) sem o A(A) ou com o A(A) é sílaba,
como em ΓPA(GRA). Mas também disso contemplar
as diferenças é próprio da métrica.[175]

E conjunção é um som de voz sem significação,
que nem impede nem faz um som de voz significativo 1457 a
naturalmente disposto a se compor de muitos sons de
vozes [não só nos extremos, mas também no meio], a
qual não é adequado no início da frase colocar-se por si

νῶν μιᾶς, σημαντικῶν δέ, ποιεῖν πέφυκεν μίαν σημαν- 5
τικὴν φωνήν.

Ἄρθρον δ᾽ ἐστὶ φωνὴ ἄσημος ἢ λόγου ἀρχὴν
ἢ τέλος ἢ διορισμὸν δηλοῖ, [οἷον τὸ ἀμφί καὶ τὸ περί καὶ
τὰ ἄλλα.Ἡ φωνὴ ἄσημος, ἢ οὔτε κωλύει οὔτε ποιεῖ φωνὴν
μίαν σημαντικὴν ἐκ πλειόνων φωνῶν], πεφυκυῖα τίθεσθαι
καὶ ἐπὶ τῶν ἄκρων καὶ ἐπὶ τοῦ μέσου.

Ὄνομα δ᾽ ἐστὶ φωνὴ 10
συνθετὴ σημαντική, ἄνευ χρόνου, ἧς μέρος οὐδέν ἐστι καθ᾽
αὑτὸ σημαντικόν· ἐν γὰρ τοῖς διπλοῖς οὐ χρώμεθα ὡς καὶ
αὐτὸ καθ᾽ αὑτὸ σημαῖνον, οἷον ἐν τῷ Θεοδώρῳ τὸ "δῶρον"
οὐ σημαίνει.

Ῥῆμα δὲ φωνὴ συνθετὴ σημαντική, μετὰ χρό-
νου, ἧς οὐδὲν μέρος σημαίνει καθ᾽ αὑτό, ὥσπερ καὶ ἐπὶ τῶν 15
ὀνομάτων· τὸ μὲν γὰρ "ἄνθρωπος" ἢ "λευκόν" οὐ σημαίνει τὸ
πότε, τὸ δὲ "βαδίζει" ἢ "βεβάδικε" προσσημαίνει τὸ μὲν τὸν
παρόντα χρόνον τὸ δὲ τὸν παρεληλυθότα.

Πτῶσις δ᾽ ἐστὶν
ὀνόματος ἢ ῥήματος, ἡ μὲν κατὰ τὸ "τούτου" ἢ "τούτῳ" σημαῖ-
νον καὶ ὅσα τοιαῦτα, ἡ δὲ κατὰ τὸ ἑνὶ ἢ πολλοῖς, οἷον 20
"ἄνθρωποι" ἢ "ἄνθρωπος", ἡ δὲ κατὰ τὰ ὑποκριτικά, οἷον κατ᾽
ἐρώτησιν ἢ ἐπίταξιν· τὸ γὰρ "ἐβάδισεν"; ἢ "βάδιζε" πτῶσις
ῥήματος κατὰ ταῦτα τὰ εἴδη ἐστίν.

Λόγος δὲ φωνὴ συνθετὴ
σημαντική, ἧς ἔνια μέρη καθ᾽ αὐτὰ σημαίνει τι (οὐ γὰρ

---

5 σημαντικῶν Robertellus: σημαντικόν A ‖ 6 post φωνὴν lacunam
suspicatur Bywater; v. adnot.7-9 οἷον ... φωνῶν secl. Bywater ‖ 7 ἀμφί
Hartung: Φ. μ. ῖ. A φημί Bekker. ‖ 17 βαδίζειν AB ‖ προσσημαίνει apogr.:
προσσημαίνει AB ‖ 20 κατὰ τὸ Reiz: τὸ κατὰ AB τὸ κατὰ τό Vahlen ‖ 22
ἢ post ἐρώτησιν B om. A ‖ post ἐβάδισεν notam interrogationis add.
Tyrwhitt ‖ βάδιζε apogr.: ἐβάδιζεν AB.

mesmo, por exemplo, *mén, <d> é, tói, dé*; ou um som de voz sem significado, o qual, a partir de muitos sons de vozes significativos, naturalmente disposto para fazer um único som de voz significativo.

E artigo é um som de voz sem significado que indica o princípio ou o fim ou a divisão do enunciado, por exemplo, *"amphi"*, *"perí"* e outros; ou um som de voz sem significado que nem impede nem faz um único som de voz a partir de muitos sons de voz, naturalmente disposto a ser colocado não só nos extremos, mas também no meio.[176]

E nome é um som de voz convencional significativo sem tempo, do qual nenhuma parte é significativa por si mesma;[177] pois, nos <nomes> duplos, não empregamos <cada parte> como tendo significação por si mesma, por exemplo, em "Teodoro" o "doro" não tem significado.

E verbo é um som de voz significativo com tempo, do qual parte nenhuma tem significado por si mesma, como também <ocorre> aos nomes; por um lado, com efeito, "homem" ou "branco" não significam o quando,[178] por outro, "caminha" ou "caminhou" tem uma significação a mais, um, de tempo presente, e o outro, de tempo decorrido.

E caso[179] é próprio do nome ou do verbo, significando um <tipo de caso>, a relação conforme o "desse" ou o "para esse" e quantas <relações> semelhantes; e outro, a relação segundo o "um" ou o "muitos", por exemplo, "homens" ou "um homem", ou a relação segundo o que concerne ao ator, por exemplo, segundo uma pergunta ou uma ordem; com efeito, o "caminhou?" ou o "caminha <tu>" é um caso de verbo segundo essas espécies.

E enunciado é um som de voz convencional significativo, de que algumas partes por si mesmas significam

ἅπας λόγος ἐκ ῥημάτων καὶ ὀνομάτων σύγκειται, οἷον ὁ 25
τοῦ ἀνθρώπου ὁρισμός, ἀλλ᾿ ἐνδέχεται ἄνευ ῥημάτων εἶναι
λόγον· μέρος μέντοι ἀεί τι σημαῖνον ἕξει) οἷον ἐν τῷ "βαδί-
ζει Κλέων" ὁ Κλέων. Εἷς δ᾿ ἐστὶ λόγος διχῶς· ἢ γὰρ ὁ ἓν
σημαίνων, ἢ ὁ ἐκ πλειόνων συνδέσμῳ, οἷον ἡ Ἰλιὰς μὲν
συνδέσμῳ εἷς, ὁ δὲ τοῦ ἀνθρώπου τῷ ἓν σημαίνειν. 30

21

Ὀνόματος δὲ εἴδη τὸ μὲν ἁπλοῦν (ἁπλοῦν δὲ λέγω ὃ
μὴ ἐκ σημαινόντων σύγκειται, οἷον γῆ) τὸ δὲ διπλοῦν· τούτου
δὲ τὸ μὲν ἐκ σημαίνοντος καὶ ἀσήμου (πλὴν οὐκ ἐν τῷ
ὀνόματι <ὡς> σημαίνοντος καὶ ἀσήμου) τὸ δὲ ἐκ σημαινόντων
σύγκειται. Εἴη δ᾿ ἂν καὶ τριπλοῦν καὶ τετραπλοῦν ὄνομα καὶ 35
πολλαπλοῦν οἷον [τὰ] πολλὰ τῶν Μασσαλιωτῶν· Ἑρμοκαϊ-
κόξανθος... Ἅπαν δὲ ὄνομά ἐστιν ἢ κύριον ἢ γλῶττα ἢ μετα- 1457 b
φορὰ ἢ κόσμος ἢ πεποιημένον ἢ ἐπεκτεταμένον ἢ ὑφῃρη-
μένον ἢ ἐξηλλαγμένον.

Λέγω δὲ κύριον μὲν ᾧ χρῶνται
ἕκαστοι, γλῶτταν δὲ ᾧ ἕτεροι, ὥστε φανερὸν ὅτι καὶ γλῶτ-
ταν καὶ κύριον εἶναι δυνατὸν τὸ αὐτό, μὴ τοῖς αὐτοῖς δέ· 5
τὸ γὰρ σίγυνον Κυπρίοις μὲν κύριον, ἡμῖν δὲ γλῶττα.

Μ ε -
ταφορὰ δ᾿ ἐστὶν ὀνόματος ἀλλοτρίου ἐπιφορὰ ἢ ἀπὸ τοῦ γένους
ἐπὶ εἶδος, ἢ ἀπὸ τοῦ εἴδους ἐπὶ τὸ γένος, ἢ ἀπὸ τοῦ εἴδους ἐπὶ

---

27 βαδίζει apogr.: βαδίζειν AB || 29 συνδέσμῳ apogr.: συνδέσμων AB
|| 30 τῷ apogr.: τό AB || 33 ἐν τῷ ὀνόματι <ὡς> Margoliouth collato Ar
ut significante in nomine: ἐν τῷ ὀνόματος AB ἐντὸς τοῦ ὀνόματος Tucker
|| 36 τὰ seclusi, V. infra Ar multa . || Μασσαλιωτῶν ex μεγαλιωτῶν (AB)
correxit Diels qui (*Sitzungsber. der Berl. Ak.* 1888, p. 53) Ar *sicut multa
de Massiliotis Her-mocaïcoxanthus qui supplicabatur Jovem* versus opici
cujuspiam carminis comice scripti: Ἑρμοκαικόξανθος ἐπευξάμενος Διὶ
πατρί reddere putavit. Wilamowitz (Aristóteles und Athen II 21) Aristo-
telem verbi compositi exemplum ex votiva inscriptione (Ερμ. εὐξάμενος
Διί) hausisse suspicatur, v. adnot. μεγαλειωτῶν (ex supposito μεγαλειοῦν)
scripsit Bywater μεγαλείων ὧν coni. Vahlen μεγαλείων ὡς Winstanley
μεγαλλειωτῶν hotchpotch words: litterally "words of the megalleion type"
Margoliouth post Ἑρμοκαϊκόξανθος lacunam ex Ar. (v. supra) statuimus
|| 1457 b 2 ὑφῃρημένον AB: ἀφῃρημένον coni. Spengel collato 1458 a 1 ||
6 post γλῶττα add. Ar : *doru vero nobis quidem proprium, populo vero
< Cyprio> glossa.*

algo; com efeito nem todo enunciado se compõe de 25
verbos e de nomes, por exemplo, a definição de "ho-
mem",[180] mas é possível haver enunciado[181] sem verbo,
no entanto, a parte sempre conterá algo que tem signi-
ficação, como "Cleão" em "Cleão caminha". E um único
é o enunciado de dois modos, ou, com efeito, tendo um
único significado, ou por meio da reunião de muitas
partes, por exemplo, a *Ilíada*, por meio da reunião, é um 30
único <enunciado> e a <definição> de homem, por
significar uma única coisa.[182]

Capítulo XXI – Elocução poética: espécies de nome

Quanto às espécies de nome,[183] uma é simples
(e quero dizer com simples o que não é formado de
<partes> significativas, por exemplo, terra (*gê*)), e a
outra, dupla: e desta, um <nome> é formado de <par-
te> significativa e de <parte> sem significado, embo-
ra não significativa e sem significado no nome,[184] e o
outro <nome>, de partes significativas. Poderia haver 35
um nome triplo e quádruplo, como muitos dentre os
massaliotas, por exemplo, "Ermocaicoxanto"...[185] E todo
nome, sem exceção, é vernáculo ou estrangeiro[186] ou 1457 b
metáfora ou ornamento ou inventado ou aumentado
ou diminuído ou modificado.

Denomino "vernáculo" o que todos <os helenos>
empregam e "estrangeiro" o que empregam os outros;
de modo que é evidente que estrangeiro e vernáculo é 5
possível o mesmo <nome> ser, mas não para os mesmos
<falantes>, por exemplo, *Sígynon*[187] é vernáculo para os
cipriotas, mas, para nós, nome estrangeiro.

E metáfora é a imposição de <nome> pertencente
a outra coisa, ou a partir do gênero para a espécie, ou

εἶδος, ἢ κατὰ τὸ ἀνάλογον. Λέγω δὲ ἀπὸ γένους μὲν ἐπὶ εἶδος, οἷον "νηῦς δέ μοι ἥδ᾽ ἕστηκε·" τὸ γὰρ ὁρμεῖν ἐστιν 10 ἑστάναι τι. Ἀπ᾽ εἴδους δὲ ἐπὶ γένος· "ἦ δὴ μυρί᾽ Ὀδυσσεὺς ἐσθλὰ ἔοργεν." τὸ γὰρ μυρίον πολύ ἐστιν, ᾧ νῦν ἀντὶ τοῦ πολλοῦ κέχρηται. Ἀπ᾽ εἴδους δὲ ἐπὶ εἶδος, οἷον "χαλκῷ ἀπὸ ψυχὴν ἀρύσας" καὶ "ταμὼν ἀτειρέϊ χαλκῷ." ἐνταῦθα γὰρ τὸ μὲν ἀρύσαι ταμεῖν, τὸ δὲ ταμεῖν ἀρύσαι εἴρηκεν· 15 ἄμφω γὰρ ἀφελεῖν τι ἐστίν.

Τὸ δὲ ἀνάλογον λέγω, ὅταν ὁμοίως ἔχῃ τὸ δεύτερον πρὸς τὸ πρῶτον καὶ τὸ τέταρτον πρὸς τὸ τρίτον· ἐρεῖ γὰρ ἀντὶ τοῦ δευτέρου τὸ τέταρτον ἢ ἀντὶ τοῦ τετάρτου τὸ δεύτερον· καὶ ἐνίοτε προστιθέασιν ἀνθ᾽ οὗ λέγει πρὸς ὅ ἐστιν. Λέγω δὲ οἷον ὁμοίως ἔχει φιάλη πρὸς Διόνυ- 20 σον καὶ ἀσπὶς πρὸς Ἄρην· ἐρεῖ τοίνυν τὴν φιάλην "ἀσπίδα Διονύσου" καὶ τὴν ἀσπίδα "φιάλην Ἄρεως". Ἢ ὃ γῆρας πρὸς βίον, καὶ ἑσπέρα πρὸς ἡμέραν· ἐρεῖ τοίνυν τὴν ἑσπέραν "γῆρας ἡμέρας" [ἢ] καὶ τὸ γῆρας "ἑσπέραν βίου" ὥσπερ Ἐμπεδοκλῆς ἢ "δυσμὰς βίου". Ἐνίοις δ᾽ οὐκ ἔστιν ὄνομα 25 κείμενον τῶν ἀνάλογον, ἀλλ᾽ οὐδὲν ἧττον ὁμοίως λεχθήσεται· οἷον τὸ τὸν καρπὸν μὲν ἀφιέναι "σπείρειν", τὸ δὲ τὴν φλόγα ἀπὸ τοῦ ἡλίου ἀνώνυμον· ἀλλ᾽ ὁμοίως ἔχει τοῦτο πρὸς τὸν ἥλιον καὶ τὸ σπείρειν πρὸς τὸν καρπόν, διὸ εἴρηται "σπείρων θεοκτίσταν φλόγα." Ἔστι δὲ τῷ τρόπῳ τούτῳ τῆς μεταφορᾶς 30 χρῆσθαι καὶ ἄλλως, προσαγορεύσαντα τὸ ἀλλότριον ἀποφῆσαι τῶν οἰκείων τι, οἷον εἰ τὴν ἀσπίδα εἴποι "φιάλην" μὴ "Ἄρεως" ἀλλ᾽ "ἄοινον".

---

14 ταμὼν Bekker: τεμῶν A τεμών B. ‖ ἀτειρέι A: τανακέι B ‖ 20 ὁμοίως A: ὅτι B ‖ 24 ἢ seclusi Ar secutus ‖ 29 πρὸς τὸν καρπόν: πρὸς <τὸν ἀφιέντα> τὸν καρπόν coni. Castelvetro ‖ 32 ἀλλ᾽ ἄοινον Vettori (cf. Rhet. III 6 ad fin. τὸ ἄχορδον καὶ τὸ ἄλυρον μέλος): ἀλλὰ οἴνου AB = Ar

da espécie para o gênero, ou da espécie à espécie, ou segundo a analogia. E quero dizer com "do gênero à espécie",[188] por exemplo, em "minha nau já está detida",[189] pois "ancorar" é, de algum modo, estar detida. E, a partir da espécie ao gênero, em "de fato, miríades de feitos nobres Odisseu realizou", pois "miríades" muito é, <nome> que, neste momento, em lugar de "muito" foi empregado. E, de espécie à espécie, por exemplo, em "com bronze a vida tendo extraído" e em "tendo cortado com indestrutível bronze", pois aqui com "extrair" quis dizer "cortar" e com "cortar", "extrair"; com efeito, ambas são, de algum modo, "retirar".

E com "analogia" quero dizer quando semelhantemente está o segundo <termo> em relação ao primeiro e o quarto em relação ao terceiro; dirá, com efeito, em lugar do segundo o quarto ou em lugar do quarto o segundo; e algumas vezes aplicam, em lugar do que o <termo> diz, aquilo em relação a que o <termo> é. E quero dizer, por exemplo, com "semelhantemente", está a taça para Dioniso como o escudo para Ares; dirá, então, a taça, escudo de Dioniso e o escudo, taça de Ares. Ou o que é a velhice em relação à vida também <é> a tarde em relação ao dia; dirá, então, a tarde "a velhice do dia" ou como Empédocles,[190] e a velhice, "a tarde da vida" ou "o ocaso da vida". Mas não existem nomes estabelecidos para alguns dos <casos> quanto à analogia, mas não menos semelhantemente serão ditos; por exemplo, o lançar a semente é semear, mas o lançar a chama do Sol <é> anônimo; não obstante, semelhantemente está isso para o Sol como o semear, para a semente, por isso se diz "semeando chama de origem divina". E é possível este modo de metáfora usar também diferentemente, tendo nomeado algo pertencente à outra coisa, negar alguma das coisas que lhe são próprias, por exemplo, se <chamasse> "o escudo" de taça não de "Ares", mas "sem vinho"...[191]

Πεποιημένον δ' ἐστὶν ὃ ὅλως μὴ
καλούμενον ὑπὸ τινων αὐτὸς τίθεται ὁ ποιητής· δοκεῖ γὰρ
ἔνια εἶναι τοιαῦτα, οἷον τὰ κέρατα "ἔρνυγας" καὶ τὸν ἱερέα 35
"ἀρητῆρα". Ἐπεκτεταμένον δ' ἐστὶν ἢ ἀφῃρημένον τὸ μὲν 1458 a
ἐὰν φωνήεντι μακροτέρῳ κεχρημένον ᾖ τοῦ οἰκείου ἢ συλλαβῇ
ἐμβεβλημένῃ, τὸ δ' ἐὰν ἀφῃρημένον τι ᾖ αὐτοῦ, ἐπεκτεταμένον
μὲν οἷον τὸ πόλεως "πόληος" καὶ τὸ Πηλείδου "Πηληιάδεω",
ἀφῃρημένον δὲ οἷον τὸ "κρῖ" καὶ τὸ "δῶ" καὶ "μία γίνεται 5
ἀμφοτέρων ὄψ." Ἐξηλλαγμένον δ' ἐστὶν, ὅταν τοῦ ὀνομαζομέ-
νου τὸ μὲν καταλείπῃ τὸ δὲ ποιῇ, οἷον τὸ "δεξιτερὸν κατὰ
μαζόν" ἀντὶ τοῦ δεξιόν.

Αὐτῶν δὲ τῶν ὀνομάτων τὰ μὲν ἄρρενα
τὰ δὲ θήλεα τὰ δὲ μεταξύ, ἄρρενα μὲν ὅσα τελευτᾷ εἰς τὸ Ν 10
καὶ Ρ <καὶ Σ>, καὶ ὅσα ἐκ τούτου σύγκειται (ταῦτα δ' ἐστὶ δύο, Ψ
καὶ Ξ) θήλεα δὲ ὅσα ἐκ τῶν φωνηέντων εἴς τε τὰ ἀεὶ μακρά,
οἷον εἰς Η καὶ Ω, καὶ τῶν ἐπεκτεινομένων εἰς Α· ὥστε ἴσα συμ-
βαίνει πλήθη εἰς ὅσα τὰ ἄρρενα καὶ τὰ θήλεα· τὸ γὰρ Ψ καὶ τὸ Ξ
<τῷ Σ> ταὐτά ἐστιν. Εἰς δὲ ἄφωνον οὐδὲν ὄνομα τελευτᾷ, οὐδὲ 15
εἰς φωνῆεν βραχύ. Εἰς δὲ τὸ Ι τρία μόνα, μέλι κόμμι πέπερι.
Εἰς δὲ τὸ Υ πέντε. Τὰ δὲ μεταξὺ εἰς ταῦτα καὶ Ν καὶ Σ.

---

33 deest verbi κόσμος definitio quae supra b 2 nuntiabatur || 35 ἐρνύγας
A : ἐρινύγας B || 1458 a 4 Πηλείδου apogr.: Πηλέος A Πηλέως B; verba
πόλεως et Πηλέος secludit Margoliouth, quod probari potest || 6 ὄψ
restituit Vettori: ὅης AB || 11 καὶ Σ ex Ar suppletum || 15 τῷ Σ suppl.
Tyrwhitt || ταὐτά AB: σύνθετα Ar || 17 post πέντε legitur in apographo
quodam τὸπῶν τὸ νᾶπυ τὸ γόνυ τὸ δόρυ τὸ ἄστυ ; eadem exempla habet
Ar, post litteram Σ autem δένδρον et γένος.

E <nome> fabricado é o que, absolutamente não sendo chamado por alguém, o próprio poeta o institui; com efeito, parece haver alguns de tal classe, por exemplo, "Cornos" (*kérata*) chamados "Galhos" (*érnugas*) e "quem 35 faz prece aos deuses" (*hieréa*), "Sacerdote" *(arétera)*. 1458 a E é aumentado ou diminuído; o primeiro, caso uma vogal mais longa tenha sido empregada do que a habitual ou uma sílaba inserida, o segundo, caso tenha sido subtraído algo dela; "aumentado", por um lado, por exemplo, como em *"póleōs"*, *"póleos"* e em *"peleídou"*, *"Peleiádeō"*; diminuído, por outro, por exemplo, em *"krî"*, *"dô"* e em *"mía génetai amphotéron* 5 *óps"*[192] [uma única visão nasce de ambas]. E modificado é quando, do que é nomeado, uma parte <o poeta> conserva e outra fabrica, por exemplo, "em relação ao seio direito" [*deksiterón katá madzón*][193] em lugar de "direito" [*deksión*].

E, dos próprios nomes, uns são masculinos, outros femininos e outros intermediários; masculinos, por um lado, quantos terminam em N(N), P(R) <e 10 Σ(S)> e quantos nomes dessas letras se formam, (e essas são duas Ψ(PS) e Ξ(KS), femininos, por outro, quantos nomes se formam a partir de vogais e <terminam> sempre nas longas H(Ē) e Ω(Ō), e, entre as alongadas, em "A" longo;[194] de modo que resulta <as terminações> serem iguais em número para quantos <nomes> masculinos e femininos <existem>; pois o Ψ(PS) e o Ξ(KS) são as mesmas <por causa do Σ>. E em 15 muda, nenhum nome termina nem em vogal breve.[195] Em I(I), três apenas, *méli* [mel], *kómmi*[196] [goma] e *péperi* [pimenta]. E, em Y(Y), cinco. E os intermediários <terminam> nessas e em N(N) e Σ(S).[197]

22

Λέξεως δὲ ἀρετὴ σαφῆ καὶ μὴ ταπεινὴν εἶναι. Σαφεστάτη μὲν οὖν ἐστιν ἡ ἐκ τῶν κυρίων ὀνομάτων, ἀλλὰ ταπεινή· παράδειγμα δὲ ἡ Κλεοφῶντος ποίησις καὶ ἡ 20 Σθενέλου. Σεμνὴ δὲ καὶ ἐξαλλάττουσα τὸ ἰδιωτικὸν ἡ τοῖς ξενικοῖς κεχρημένη. Ξενικὸν δὲ λέγω γλῶτταν καὶ μεταφορὰν καὶ ἐπέκτασιν καὶ πᾶν τὸ παρὰ τὸ κύριον. Ἀλλ᾽ ἄν τις ἅπαντα τοιαῦτα ποιήσῃ, ἢ αἴνιγμα ἔσται ἢ βαρβαρισμός· Ἄν μὲν οὖν ἐκ μεταφορῶν, αἴνιγμα, ἐὰν δὲ ἐκ 25 γλωττῶν, βαρβαρισμός. Αἰνίγματός γὰρ ἰδέα αὕτη ἐστί, τὸ λέγοντα ὑπάρχοντα ἀδύνατα συνάψαι· Κατὰ μὲν οὖν τὴν τῶν <ἄλλων> ὀνομάτων σύνθεσιν οὐχ οἷόν τε τοῦτο ποιῆσαι, κατὰ δὲ τὴν μεταφορὰν ἐνδέχεται, οἷον "ἄνδρ᾽ εἶδον πυρὶ χαλκὸν ἐπ᾽ ἀνέρι κολλήσαντα," καὶ τὰ τοιαῦτα. Ἐκ δὲ τῶν 30 γλωττῶν βαρβαρισμός. Δεῖ ἄρα κεκρᾶσθαί πως τούτοις· τὸ μὲν γὰρ τὸ μὴ ἰδιωτικὸν ποιήσει μηδὲ ταπεινόν ἡ γλῶττα καὶ ἡ μεταφορὰ καὶ ὁ κόσμος καὶ τἆλλα τὰ εἰρημένα εἴδη, τὸ δὲ κύριον τὴν σαφήνειαν.

Οὐκ ἐλάχιστον δὲ μέρος συμβάλλονται εἰς τὸ σαφὲς τῆς λέξεως καὶ μὴ ἰδιωτικὸν 1458 b αἱ ἐπεκτάσεις καὶ ἀποκοπαὶ καὶ ἐξαλλαγαὶ τῶν ὀνομάτων· κοινωνεῖν τοῦ εἰωθότος τὸ σαφὲς ἔσται. Ὥστε οὐκ ὀρθῶς ψέγουσιν οἱ ἐπιτιμῶντες τῷ τοιούτῳ τρόπῳ τῆς διαλέκτου καὶ διακωμῳδοῦντες τὸν ποιητήν, οἷον Εὐκλείδης ὁ ἀρχαῖος, ὡς

---

19 οὖν A: om. B ‖ 21 τὸ ἰδιωτικὸν ἡ τοῖς ξενικοῖς A: τῷ ἰδιωτιῷ ἢ τῷ ξενικῷ B ‖ 24 ἅπαντα B : ἄν ἅπαντα A ἅμα ἅπαντα apogr.: ‖ 27 ὑπάρχοντα A : τὰ ὑπάρχοντα B. 28 ἄλλων ex Ar suppl.: κυρίων suppl. Heinsius ‖ 29 μεταφοράν AB: μεταφορῶν coni. Bywater ‖ 30 ἐκ A: τὰ δὲ ἐκ B ‖ 31 κεκρᾶσθαι B = Ar: κεκρίσθαι A ‖ 32 μὴ A: τὸ μὴ B.

Capítulo XXII – A excelência da elocução poética

E a excelência da elocução é ser clara e não chã. E a mais clara certamente é proveniente dos nomes[198] vernáculos, mas é chã; e exemplo é a poesia de Cleofonte e a de Esténelo. Mas é majestosa e afastada do vulgar a que emprega abundante elocução inusual; e quero dizer com "inusual" a metáfora, o alongamento e todo o afastado do vernáculo. Mas se alguém compuser tudo desse modo, ou enigma haverá ou barbarismo;[199] se a partir de metáforas, enigma;[200] mas, se de nomes estrangeiros, barbarismo. Com efeito, a própria forma[201] do enigma é, pretendendo significar coisas existentes, coisas impossíveis ligar; por um lado, então, segundo a combinação dos <outros> nomes não é possível fazer isso, por outro, segundo a metáfora, é admissível; por exemplo, "vi um homem, com fogo, colando bronze em outro homem" [*ándr' eîdon pyrì khalkòn ep' anéri kollásanta*][202] e semelhantes. Quanto à abundante elocução inusual proveniente de nomes estrangeiros, é barbarismo. É preciso, portanto, de algum modo, temperar[203] <a elocução> com esses procedimentos; pois, por um lado, a metáfora, o nome estrangeiro, a metáfora, o ornamento e as demais espécies já mencionadas nem o vulgar nem o chão produzirão e o nome vernáculo <produzirá> a clareza.

Em parte não ínfima,[204] contribuem para a clareza da elocução e para o não vulgar os aumentos, apócopes e alterações dos nomes; pois, por um lado, por serem de outro modo diferente do vernáculo, tornando-se contrários ao habitual produzirão o não vulgar, e, por outro, por participar do habitual, haverá clareza.[205] De modo que não corretamente os críticos reprovam por tal modo de falar, tornando o poeta alvo de comédia,[206] como Euclides, o

ῥᾴδιον ποιεῖν, εἴ τις δώσει ἐκτείνειν ἐφ᾽ ὁπόσον βούλεται,
ἰαμβοποιήσας ἐν αὐτῇ τῇ λέξει· "Ἐπιχάρην εἶδον Μαρα-
θῶνάδε βαδίζοντα," καὶ "οὐκ ἂν γ᾽ἐράμενος τὸν ἐκείνου ἐλ-   10
λέβορον."

Τὸ μὲν οὖν φαίνεσθαί πως χρώμενον τούτῳ τῷ
τρόπῳ γελοῖον, τὸ δὲ μέτριον κοινὸν ἁπάντων ἐστὶ τῶν με-
ρῶν· καὶ γὰρ μεταφοραῖς καὶ γλώτταις καὶ τοῖς ἄλλοις
εἴδεσι χρώμενος ἀπρεπῶς καὶ ἐπίτηδες ἐπὶ τὰ γελοῖα τὸ
αὐτὸ ἂν ἀπεργάσαιτο.

Τὸ δὲ ἁρμόττον ὅσον διαφέρει, ἐπὶ τῶν   15
ἐπῶν θεωρείσθω, ἐντιθεμένων τῶν <κυρίων> ὀνομάτων εἰς τὸ
μέτρον. Καὶ ἐπὶ τῆς γλώττης δὲ καὶ ἐπὶ τῶν μεταφορῶν καὶ
ἐπὶ τῶν ἄλλων ἰδεῶν μετατιθεὶς ἄν τις τὰ κύρια ὀνόματαδιὰ
μὲν γὰρ τὸ ἄλλως ἔχειν ἢ ὡς τὸ κύριον, παρὰ τὸ
εἰωθὸς γιγνόμενον, τὸ μὴ ἰδιωτικὸν ποιήσει, διὰ δὲ τὸ
κατίδοι ὅτι ἀληθῆ λέγομεν· οἷον τὸ αὐτὸ ποιήσαντος ἰαμ-
βεῖον Αἰσχύλου καὶ Εὐριπίδου, ἓν δὲ μόνον ὄνομα μεταθέντος,   20
ἀντὶ κυρίου <καὶ> εἰωθότος γλῶτταν, τὸ μὲν φαίνεται καλὸν
τὸ δ᾽ εὐτελές. Αἰσχύλος μὲν γὰρ ἐν τῷ Φιλοκτήτῃ ἐποίησε
    φαγέδαινα <δ᾽> ἥ μου σάρκας ἐσθίει ποδός,
ὁ δὲ ἀντὶ τοῦ "ἐσθίει" τὸ "θοινᾶται" μετέθηκεν. Καὶ
    νῦν δέ μ᾽ ἐὼν ὀλίγος τε καὶ οὐτιδανὸς καὶ ἀεικής,   25
εἴ τις λέγοι τὰ κύρια μετατιθεὶς
    νῦν δέ μ᾽ ἐὼν μικρός τε καὶ ἀσθενικὸς καὶ ἀειδής·
Καὶ
    δίφρον ἀεικέλιον καταθεὶς ὀλίγην τε τράπεζαν·

1458 b 8 ῥᾴδιον Α: ῥᾴδιον ὂν Β || 9 Ἐπιχάρην Β: ἐπὶ χάριν legisse
videtur Syrus (Ar *cum favore*) ᾔτει χάριν Α || 10 γ᾽ἐράμενος apogr.:
γεράμενος Α γε ἀράμενος Β γευσάμενος coni. Tyrwhitt || 11 πως Β:
πῶς Α ἀπρεπῶς coni. Twining || 12 μέτριον Spengel: μέτρον ΑΒ || 15
ἁρμόττον Β: ἁρμόττοντος Α ἁρμοττόντως coni. Tucker || ὅσον Α: παρ᾽
ὅσον Β || 16 κυρίων coni. Vahlen. || 20 μεταθέντος Β: μετατιθέντος Α ||
||21 καὶ add. Heinsius || 23 φαγέδαινα: φαγάδαινα Β (φαγάδαινα legi;
φαγάδαιναν legit Landi) φαγάδενα Α || δ᾽add. Ritter || 25 ἀεικής Β =
Ar (cf. Odyss. IX, 515 ubi ἀεικὴς varia lectio pro ἄκικυς): ἀειδής Α ||26
λέγοι Α: λέγει Β || μετατιθεὶς Α: μεταθεὶς Β || 29 ἀεικέλιον Homerus:
ἀει κέλλιον Β τε ἀεικέλιον Α.

antigo, que <dizia ser> fácil compor se se conceder alongar <as sílabas> quanto queira, tendo composto iambos nessa mesma elocução: "*vi* Epicarmo andando indolentemente para Maratona" (*Epikháren eîdon Marathônade badídzon-* 10 *ta*" e "*kaì ouk àn gerámenos tòn ekeínou elléboron*").[207]

Por um lado, o mostrar-se ostensivamente empregando, de algum modo, essa maneira de falar é ridícula; e a medida comum é própria de todas as partes <da elocução>; com efeito, quem emprega impropriamente metáforas, nomes estrangeiros e outras espécies <de nomes>, também maliciosamente, em busca do risível, o mesmo <efeito> conseguiria.[208]

Mas o <emprego> adequado, de algum modo, o quan- 15 to excele nos versos épicos contemple-se, introduzindo-se os nomes <vernáculos> no verso. E quem tendo transposto os nomes vernáculos para nomes estrangeiros, para metáforas e para outras formas poderia se dar conta de que estamos dizendo a verdade;[209] por exemplo, tendo composto o mesmo iambo, Ésquilo e Eurípides, e um 20 único nome tendo <este> transposto, em lugar do vernáculo habitual, um nome estrangeiro, um parece belo, e outro, banal.[210] Ésquilo, de fato, compôs no *Filoctetes*:

"*phagédaina hé mou sárkas esthíei podós*" (úlcera que come as carnes de meu pé). E o outro,[211] em lugar de "*esthíei*" (come) substituiu por "*thoinâtai*"[212] (devora). Também

"*vŷv dè m' eòn olígos te kasì outidanós kaì aeikés*". 25
(e, agora, sendo ele também parco, um coisanenhuma, um indigno).[213]

Se alguém dissesse, substituindo por nomes vernáculos:
"*nŷv dè m' eòn mikrós te kaì asthenikós kaì aeidés*"
(e agora, sendo ele, pequeno, fraco e feio).[214]

E também:
"*Díphron aeikélion katatheìs olígen te trápedzan*".[215]
(um assento indigno tendo posto e parca mesa),

δίφρον μοχθηρὸν καταθεὶς μικράν τε τράπεζαν. 30
καὶ τὸ "ἠϊόνες βοόωσιν" "ἠϊόνες κράζουσιν".

Ἔτι δὲ Ἀρει-
φράδης τοὺς τραγῳδοὺς ἐκωμῴδει, ὅτι ἃ οὐδεὶς ἂν εἴποι ἐν τῇ
διαλέκτῳ, τούτοις χρῶνται, οἷον τὸ "δωμάτων ἄπο" ἀλλὰ μὴ
"ἀπὸ δωμάτων", καὶ τὸ "σέθεν", καὶ τὸ "ἐγὼ δέ νιν", καὶ
τὸ "Ἀχιλλέως πέρι" ἀλλὰ μὴ "περὶ Ἀχιλλέως", καὶ ὅσα 1459 a
ἄλλα τοιαῦτα. Διὰ γὰρ τὸ μὴ εἶναι ἐν τοῖς κυρίοις ποιεῖ τὸ μὴ
ἰδιωτικὸν ἐν τῇ λέξει ἅπαντα τὰ τοιαῦτα· ἐκεῖνος δὲ τοῦτο
ἠγνόει.

Ἔστι δὲ μέγα μὲν τὸ ἑκάστῳ τῶν εἰρημένων πρεπόν-
τως χρῆσθαι, καὶ διπλοῖς ὀνόμασι καὶ γλώτταις, πολὺ δὲ 5
μέγιστον τὸ μεταφορικὸν εἶναι. Μόνον γὰρ τοῦτο οὔτε παρ᾽
ἄλλου ἔστι λαβεῖν εὐφυΐας τε σημεῖόν ἐστιν· τὸ γὰρ εὖ
μεταφέρειν τὸ τὸ ὅμοιον θεωρεῖν ἐστιν. Τῶν δ᾽ ὀνομάτων
τὰμὲν διπλᾶ μάλιστα ἁρμόττει τοῖς διθυράμβοις, αἱ δὲ γλῶτ-
ται τοῖς ἡρωϊκοῖς, αἱ δὲ μεταφοραὶ τοῖς ἰαμβείοις. Καὶ ἐν 10
μὲν τοῖς ἡρωϊκοῖς ἅπαντα χρήσιμα τὰ εἰρημένα· ἐν δὲ τοῖς
ἰαμβείοις, διὰ τὸ ὅτι μάλιστα λέξιν μιμεῖσθαι, ταῦτα ἁρ-
μόττει τῶν ὀνομάτων ὅσοις κἂν ἐν λόγοις τις χρήσαιτο·
ἔστι δὲ τὰ τοιαῦτα τὸ κύριον καὶ μεταφορὰ καὶ κόσμος.
Περὶ μὲν οὖν τραγῳδίας καὶ τῆς ἐν τῷ πράττειν μιμήσεως 15
ἔστω ἡμῖν ἱκανὰ τὰ εἰρημένα.

---

31 ἠιόνες ... ἠιόνες B: ἴωνες ... ἢ ἴωνες A ‖ 32 εἴποι ἐν apogr.: εἴπειεν
B εἴπῃ ἐν A ‖ 1459 a 4 τό B: τῷ A. ‖ 13 ὅσοις κἂν ἐν λόγοις τις: ὅσοις
κἂν εὐλόγως τις B ὅσοις καὶ ἐν ὅσοις λόγοις τι A.

104 FILÔ

Díphron mokhterón katatheìs mikrán te trápedzan" 30
(um assento miserável tendo posto e uma pequena mesa)
E o

"eíones boóosin" (praias bramem) e *"eíones krásousin"* (praias gritam).[216]

E, ainda, Arifrades ridicularizava os trágicos porque expressões que ninguém diria em uma fala aqueles empregam, por exemplo, o *"domáton ápo"* (dos palácios a partir) mas não o *"apò domáton"* (a partir dos palácios), o *"séthen"*,[217] o *"egò dè nin"* (e eu mesmo,)[218] e o *"Akhilléos peri"* (Aquiles sobre) e não o *"Perì Akhilléos"* (Sobre Aquiles) e quantas outras semelhantes. Com efeito, por não estarem entre as \<expressões\> vernaculares, produzem o não vulgar na elocução, mas ele ignorava isso.

1459 a

Mas é importante, por um lado, o emprego adequado de cada um dos \<procedimentos\> já referidos, não só dos nomes duplos, mas também dos nomes estrangeiros; por outro, de longe, o mais importante \<é\> ser metafórico. Com efeito, somente isso não é possível apreender de outrem e é sinal de talento natural,[219] pois o bem metaforizar é a contemplação da semelhança.[220] E, entre os nomes, os duplos melhor se adaptam aos ditirambos, os estrangeiros, aos versos heroicos, e as metáforas, aos versos iâmbicos. E nos versos heroicos é empregável todo o já referido, e aos versos iâmbicos, por causa de mimetizarem o mais possível a fala,[221] se ajustam, entre os nomes, quantos alguém também empregaria nas conversas; e tais são o vernáculo, a metáfora e o ornamento. Então, sobre a tragédia e a *mímesis* na sua ação, seja para nós suficiente o já dito.

5

10

15

23

Περὶ δὲ τῆς διηγηματικῆς καὶ ἐν μέτρῳ μιμητικῆς, ὅτι δεῖ τοὺς μύθους καθάπερ ἐν ταῖς τραγῳδίαις συνιστάναι δραματικοὺς, καὶ περὶ μίαν πρᾶξιν ὅλην καὶ τελείαν, ἔχουσαν ἀρχὴν καὶ μέσα καὶ τέλος, ἵν' ὥσπερ ζῷον ἓν ὅλον 20 ποιῇ τὴν οἰκείαν ἡδονήν, δῆλον, καὶ μὴ ὁμοίας ἱστορίαις τὰς συνθέσεις εἶναι, ἐν αἷς ἀνάγκη οὐχὶ μιᾶς πράξεως ποιεῖσθαι δήλωσιν ἀλλ' ἑνὸς χρόνου, ὅσα ἐν τούτῳ συνέβη περὶ ἕνα ἢ πλείους, ὧν ἕκαστον ὡς ἔτυχεν ἔχει πρὸς ἄλληλα. Ὥσπερ γὰρ κατὰ τοὺς αὐτοὺς χρόνους ἥ τ' ἐν Σαλαμῖνι ἐγένετο 25 ναυμαχία καὶ ἡ ἐν Σικελίᾳ Καρχηδονίων μάχη, οὐδὲν πρὸς τὸ αὐτὸ συντείνουσαι τέλος, οὕτω καὶ ἐν τοῖς ἐφεξῆς χρόνοις ἐνίοτε γίνεται θάτερον μετὰ θάτερον, ἐξ ὧν ἓν οὐδὲν γίνεται τέλος. Σχεδὸν δὲ οἱ πολλοὶ τῶν ποιητῶν τοῦτο δρῶσιν.

Διὸ, ὥσπερ εἴπομεν ἤδη, καὶ ταύτῃ θεσπέσιος ἂν 30 φανείη Ὅμηρος παρὰ τοὺς ἄλλους, τῷ μηδὲ τὸν πόλεμον, καίπερ ἔχοντα ἀρχὴν καὶ τέλος, ἐπιχειρῆσαι ποιεῖν ὅλον· λίαν γὰρ ἂν μέγας καὶ οὐκ εὐσύνοπτος ἔμελλεν ἔσεσθαι ὁ μῦθος ἢ τῷ μεγέθει μετριάζοντα καταπεπλεγμένον τῇ ποικιλίᾳ. Νῦν δ' ἓν μέρος ἀπολαβὼν ἐπεισοδίοις κέχρηται αὐτῶν πολ- 35 λοῖς, οἷον νεῶν καταλόγῳ καὶ ἄλλοις ἐπεισοδίοις, οἷς διαλαμβάνει τὴν ποίησιν.

Οἱ δ' ἄλλοι περὶ ἕνα ποιοῦσι καὶ περὶ ἕνα χρόνον, καὶ μίαν πρᾶξιν πολυμερῆ, οἷον ὁ τὰ 1459 b Κύπρια ποιήσας καὶ τὴν μικρὰν Ἰλιάδα. Τοιγαροῦν ἐκ μὲν

---

17 ἐν μέτρῳ A: ἐμμέτρου Β ἐν ἐξαμέτρῳ Heinsius || 21 ὁμοίας ἱστορίαις τὰς συνθέσεις coni. Dacier; cf. supra τοὺς μύθους ... συνιστάναι: ὁμ. ἱστ. τ. συνθέσεις Β ὁμοίας ἱστορίας τὰς συνήθεις A, defendunt Vahlen, Bywater || 22 εἶναι AB: θεῖναι scripsit Bywater || 26 ναυμαχία Β: ναύμαχος A || 28 μετὰ θάτερον apogr.: μετὰ θατέρου AB || 31 τῷ apogr.:τὸ AB || 33 ὁ μῦθος Β = Ar: om. A || 36 ἄλλοις ἐπεισοδίοις οἷς (οἷς ex δις corr.) A: ἄλλως ἐπεισοδίοις Β || 1459 b 2 Κύπρια: κυπρικά AB.

Capítulo XXIII – Unidade de ação na epopeia: confronto entre epopeia e tragédia

Mas sobre a arte narrativa e mimética em versos, que é preciso organizar os *mŷthoi* exatamente como na tragédia, dramáticos[222] e em torno de uma única ação inteira e completa, tendo princípio, meio e fim, para que, exatamente como um ser vivo uno e inteiro, produza seu prazer particular, é evidente,[223] e não serem os arranjos semelhantes às narrativas históricas, nas quais é necessário evidenciar não uma única ação, mas um único tempo,[224] quantas coisas nele ocorreram em torno de um ou de muitos, cada uma das quais tem relação recíproca apenas por acaso. Com efeito, exatamente como a batalha naval em Salamina e o combate dos cartagineses na Sicília ocorreram ao mesmo tempo, em nada convergindo <forças> para o mesmo fim, assim também, em tempos sucessivos, às vezes ocorre uma coisa junto com a outra, a partir das quais em nada se produz um único fim.[225] Mas quase a maioria dos poetas isso perpetra.[226]

Por isso, como já dissemos,[227] também aqui divino poderia parecer Homero em comparação aos outros, por nem ter tentado compor a guerra inteira,[228] embora tendo essa princípio e fim; pois iria ser demasiado grande e não sinóptico o *mŷthos* ou, embora guardando a medida[229] em grandeza, <ficaria> complicado em variedade. E, então, tendo tomado uma única parte, empregou como episódios muitas das <outras> partes, por exemplo, o Catálogo das Naus e outros episódios com que intercala sua poesia.

Os demais poetas em torno de um único <agente>[230] compõem e em torno de um único tempo e de uma única ação multipartite, por exemplo, quem compôs os *Cantos Cíprios* e a *Pequena Ilíada*. Portanto, a partir

Ἰλιάδος καὶ Ὀδυσσείας μία τραγῳδία ποιεῖται ἑκατέρας
ἢ δύο μόναι, ἐκ δὲ Κυπρίων πολλαί, καὶ ἐκ τῆς μικρᾶς
Ἰλιάδος πλέον ὀκτώ, οἷον ὅπλων κρίσις, Φιλοκτήτης, Νεο-   5
πτόλεμος, Εὐρύπυλος, πτωχεία, Λάκαιναι, Ἰλίου πέρσις καὶ
ἀπόπλους καὶ Σίνων καὶ Τρῳάδες.

24

Ἔτι δὲ τὰ εἴδη ταὐτὰ δεῖ ἔχειν τὴν ἐποποιίαν τῇ
τραγῳδίᾳ· ἢ γὰρ ἁπλῆν ἢ πεπλεγμένην ἢ ἠθικὴν ἢ παθη-   10
τικήν· Καὶ τὰ μέρη ἔξω μελοποιίας καὶ ὄψεως ταὐτά·
καὶ γὰρ περιπετειῶν δεῖ καὶ ἀναγνωρίσεων καὶ παθη-
μάτων· ἔτι τὰς διανοίας καὶ τὴν λέξιν ἔχειν καλῶς· οἷς
ἅπασιν Ὅμηρος κέχρηται καὶ πρῶτος καὶ ἱκανῶς. Καὶ γὰρ
καὶ τῶν ποιημάτων ἑκάτερον συνέστηκεν ἡ μὲν Ἰλιὰς ἁπλοῦν
καὶ παθητικόν, ἡ δὲ Ὀδύσσεια πεπλεγμένον (ἀναγνώρισις   15
γὰρ διόλου) καὶ ἠθική. Πρὸς γὰρ τούτοις λέξει καὶ διανοίᾳ
πάντας ὑπερβέβληκεν.

   Διαφέρει δὲ κατά τε τῆς συστάσεως
τὸ μῆκος ἡ ἐποποιία καὶ τὸ μέτρον. Τοῦ μὲν οὖν μήκους ὅρος
ἱκανὸς ὁ εἰρημένος· δύνασθαι γὰρ δεῖ συνορᾶσθαι τὴν ἀρχὴν
καὶ τὸ τέλος. Εἴη δ᾽ ἂν τοῦτο, εἰ τῶν μὲν ἀρχαίων ἐλάττους   20
αἱ συστάσεις εἶεν, πρὸς δὲ τὸ πλῆθος τραγῳδιῶν τῶν
εἰς μίαν ἀκρόασιν τιθεμένων παρήκοιεν. Ἔχει δὲ πρὸς τὸ
ἐπεκτείνεσθαι τὸ μέγεθος πολύ τι ἡ ἐποποιία ἴδιον διὰ τὸ
ἐν μὲν τῇ τραγῳδίᾳ μὴ ἐνδέχεσθαι ἅμα πραττόμενα
πολλὰ μέρη μιμεῖσθαι, ἀλλὰ τὸ ἐπὶ τῆς σκηνῆς καὶ τῶν   25
ὑποκριτῶν μέρος μόνον· ἐν δὲ τῇ ἐποποιίᾳ, διὰ τὸ διήγησιν

---

   5 πλέον A: πλέον (nom obstante οἶον) et infra καὶ Σίνων καὶ Τρῳάδες
secludunt nonnulli, V. adnot ‖ 6 Εὐρύπυλος et Λάκαιναι desunt in Ar ‖
13 ἱκανῶς B = Ar: ἱκανός A ‖ καὶ γὰρ καὶ A: καὶ γὰρ B ‖ 14 ἑκάτερον A:
ἑκάτερον σῶτες (?) B, lacunam suspicatur Margoliouth ‖ 15 ἀναγνώρισις
AB: ἀναγνωρίσεις coniec. Christ ‖ 16 γὰρ A: om. B ‖ 17 πάντας B: πάντα
A. ‖ 21 πρὸς δὲ B: πρόσθε A ‖ 24 πραττόμενα A: πραττομένοις B ‖

da *Ilíada* e da *Odisseia* uma única tragédia se compõe
de cada uma ou duas apenas, mas dos *Cantos Cíprios*,
muitas, e da *Pequena Ilíada* mais de oito, por exem- 5
plo, *O julgamento das armas, Filoctetes, Neoptólemo,
Eurípilo, A mendicância, As lacedemônias, O saque de
Ílion, O regresso das naus, Sínon* e *As troianas*.

Capítulo XXIV – Exame da
epopeia: suas espécies e partes

Ademais, as mesmas espécies[231] é preciso a epopeia
ter que a tragédia, pois <é preciso ser> ou simples ou 10
complexa ou ética[232] ou patética;[233] e suas partes exceto
a melopeia e o espetáculo <são> as mesmas,[234] pois
também há necessidade de peripécias, reconhecimentos
e ações patéticas; e, ainda, os pensamentos e a elocução
é preciso serem belos. Tudo isso sem exceção Homero
empregou não só como primeiro, mas também com
competência. Com efeito, desse modo cada um dos
dois poemas está organizado por um lado, a Ilíada com
forma simples e patética e por outro, a *Odisseia* com 15
forma complexa (pois há reconhecimento nela inteira)
e ética;[235] e, além disso, em elocução e pensamento a
todos superou.

Mas difere a epopeia pela extensão da composição
e pelo metro. Certamente, do limite à sua extensão é sufi-
ciente o já dito;[236] com efeito, é preciso poder se contemplar
panoramicamente seu princípio e fim. E isso seria possível 20
se, por um lado, as composições fossem mais curtas que
as antigas e, por outro, se alongassem como a maioria
das tragédias, representadas em uma única audição.[237]
Mas a epopeia tem, em relação ao fato de estender sua
magnitude, algo muito próprio, por na tragédia não se
admitir imitarem, simultaneamente, muitas partes sendo 25
atuadas, mas a parte sobre a cena e dos atores[238] somente; e

εἶναι, ἔστι πολλὰ μέρη ἅμα ποιεῖν περαινόμενα, ὑφ' ὧν οἰκείων ὄντων αὔξεται ὁ τοῦ ποιήματος ὄγκος. Ὥστε τοῦτ' ἔχει τὸ ἀγαθὸν εἰς μεγαλοπρέπειαν καὶ τὸ μεταβάλλειν τὸν ἀκούοντα καὶ ἐπεισοδιοῦν ἀνομοίοις ἐπεισοδίοις· τὸ γὰρ ὅμοιον 30 ταχὺ πληροῦν ἐκπίπτειν ποιεῖ τὰς τραγῳδίας.

Τὸ δὲ μέτρον τὸ ἡρωϊκὸν ἀπὸ τῆς πείρας ἥρμοκεν. Εἰ γάρ τις ἐν ἄλλῳ τινὶ μέτρῳ διηγηματικὴν μίμησιν ποιοῖτο ἢ ἐν πολλοῖς, ἀπρεπὲς ἂν φαίνοιτο· τὸ γὰρ ἡρωϊκὸν στασιμώτατον καὶ ὀγκωδέστατον τῶν μέτρων ἐστίν, διὸ καὶ γλώττας καὶ με- 35 ταφορὰς δέχεται μάλιστα· περιττὴ γὰρ καὶ <ταύτη> ἡ διηγηματικὴ μίμησις τῶν ἄλλων. Τὸ δὲ ἰαμβεῖον καὶ τετράμετρον κινητικά, καὶ τὸ μὲν ὀρχηστικόν, τὸ δὲ πρακτικόν. Ἔτι δὲ ἀτο- 1460 a πώτερον εἰ μιγνύοι τις αὐτά, ὥσπερ Χαιρήμων. Διὸ οὐδεὶς μακρὰν σύστασιν ἐν ἄλλῳ πεποίηκεν ἢ τῷ ἡρώῳ, ἀλλ' ὥσπερ εἴπομεν, αὐτὴ ἡ φύσις διδάσκει τὸ ἁρμόττον αὐτῇ [δι]αιρεῖσθαι.

Ὅμηρος δὲ ἄλλα τε πολλὰ ἄξιος ἐπαινεῖσθαι, καὶ 5 δὴ καὶ ὅτι μόνος τῶν ποιητῶν οὐκ ἀγνοεῖ ὃ δεῖ ποιεῖν αὐτόν. Αὐτὸν γὰρ δεῖ τὸν ποιητὴν ἐλάχιστα λέγειν· οὐ γάρ ἐστι κατὰ ταῦτα μιμητής. Οἱ μὲν οὖν ἄλλοι αὐτοὶ μὲν δι' ὅλου ἀγωνίζονται, μιμοῦνται δὲ ὀλίγα καὶ ὀλιγάκις· ὁ δὲ ὀλίγα φροιμιασάμενος εὐθὺς εἰσάγει ἄνδρα ἢ γυναῖκα ἢ ἄλλο τι 10 ἦθος, καὶ οὐδέν' ἀήθη, ἀλλ' ἔχοντα ἤθη.

33 διηγηματικὴν Β: διηγητικήν Α ‖ 34 στασιμώτατον Α: στασιμώτερον Β ‖ 36 ταύτη add. Twining ‖ 37 μίμησις Β: κίνησις Α ‖ 1460 a 1 κινητικὰ καὶ Β: κινητικαὶ Α ‖ 2 μιγνύοι apogr.: μηγνύη Α (extremum η in litura corr.) μιγνοίη Β = Ar ‖ 4 δι secl. Bonitz = Ar; ἀεὶ coni. Tucker ‖ 11 ἦθος secl. Reiz, fortasse recte; collato hujus verbi usu Platonico dubitantor servamus ‖ ἤθη Α: ἦθος Β ‖

na epopeia, por outro, por ser uma narrativa, é possível fazer muitas partes simultaneamente sendo realizadas, graças às quais, se apropriadas, aumenta-se a massa[239] do poema. De modo que contém isto de bom para sua magnificência não só o divertir[240] o ouvinte, mas também variando os episódios por meio de episódios dessemelhantes; pois o semelhante, rapidamente saciando, faz fracassarem as tragédias.

E o metro heroico, a partir da experiência, já está ajustado. Pois se alguém empreendesse a *mímesis* narrativa em um metro diferente ou em muitos, <isso> se mostraria inadequado; com efeito, o heroico é o mais estável e encorpado dos metros por isso mais admite nomes estrangeiros e metáforas pois também a *mímesis* narrativa é mais grandiosa que as outras,[241] mas o verso iâmbico e o tetrâmetro são movimentados, este apto para a orquestra e o outro, para a ação. E mais atópico <seria> se alguém os misturasse como Queremón. Por isso ninguém ainda compôs uma organização[242] extensa em outro <metro> senão no heroico, mas, como dissemos,[243] a própria natureza ensina a discernir o que lhe é adequado.

E Homero é digno de louvor por muitas outras coisas e naturalmente também porque, como único entre os poetas, não ignora o que é preciso fazer. Pois o poeta ele mesmo é preciso dizer o mínimo possível, pois não é mimético graças a isso.[244] Certamente, por um lado, os outros <poetas> o tempo inteiro competem no palco em pessoa e mimetizam pouco[245] e poucas vezes; mas ele, depois de ter dito poucas coisas à maneira de um proêmio, introduz um homem ou uma mulher ou algum outro caráter[246] e em nada descaracterizados, mas com caracteres.

Δεῖ μὲν οὖν ἐν ταῖς
τραγῳδίαις ποιεῖν τὸ θαυμαστόν, μᾶλλον δ᾽ ἐνδέχεται ἐν
τῇ ἐποποιίᾳ τὸ ἄλογον, δι᾽ ὃ συμβαίνει μάλιστα τὸ θαυ-
μαστόν, διὰ τὸ μὴ ὁρᾶν εἰς τὸν πράττοντα· ἐπεὶ τὰ περὶ
τὴν Ἕκτορος δίωξιν ἐπὶ σκηνῆς ὄντα γελοῖα ἂν φανείη, οἱ   15
μὲν ἑστῶτες καὶ οὐ διώκοντες, ὁ δὲ ἀνανεύων· ἐν δὲ τοῖς
ἔπεσι λανθάνει. Τὸ δὲ θαυμαστὸν ἡδύ· σημεῖον δέ· πάντες
γὰρ προστιθέντες ἀπαγγέλλουσιν ὡς χαριζόμενοι.
Δεδίδαχε
δὲ μάλιστα Ὅμηρος καὶ τοὺς ἄλλους ψευδῆ λέγειν ὡς δεῖ.
Ἔστι δὲ τοῦτο παραλογισμός. Οἴονται γὰρ οἱ ἄνθρωποι, ὅταν   20
τουδὶ ὄντος τοδὶ ᾖ ἢ γινομένου γίνηται, εἰ τὸ ὕστερον ἔστι, καὶ
τὸ πρότερον εἶναι ἢ γίνεσθαι· τοῦτο δ᾽ ἐστι ψεῦδος. Διὸ δεῖ,
ἂν τὸ πρῶτον ψεῦδος, ἄλλο δὲ τούτου ὄντος ἀνάγκη εἶναι ἢ
γενέσθαι [ᾖ], προσθεῖναι· διὰ γὰρ τὸ τοῦτο εἰδέναι ἀληθὲς ὄν,
παραλογίζεται ἡμῶν ἡ ψυχὴ καὶ τὸ πρῶτον ὡς ὄν. Πα-   25
ράδειγμα δὲ τούτου ἐκ τῶν Νίπτρων.

Προαιρεῖσθαί τε δεῖ
ἀδύνατα εἰκότα μᾶλλον ἢ δυνατὰ ἀπίθανα· τούς τε λόγους
μὴ συνίστασθαι ἐκ μερῶν ἀλόγων, ἀλλὰ μάλιστα μὲν μη-
δὲν ἔχειν ἄλογον, εἰ δὲ μή, ἔξω τοῦ μυθεύματος, ὥσπερ
Οἰδίπους τὸ μὴ εἰδέναι πῶς ὁ Λάιος ἀπέθανεν, ἀλλὰ μὴ ἐν   30
τῷ δράματι, ὥσπερ ἐν Ἠλέκτρᾳ οἱ τὰ Πύθια ἀπαγγέλλον-
τες, ἢ ἐν Μυσοῖς ὁ ἄφωνος ἐκ Τεγέας εἰς τὴν Μυσίαν ἥκων.
Ὥστε τὸ λέγειν ὅτι ἀνήρητο ἂν ὁ μῦθος γελοῖον· ἐξ ἀρχῆς
γὰρ οὐ δεῖ συνίστασθαι τοιούτους. ἂν δὲ θῇ, καὶ φαίνηται εὐλο-

---

13 ἄλογον corr. Vettori: ἀνάλογον AB = Ar || 14 ἐπεὶ τὰ B: ἔπειτα
τὰ A = Ar || 16 καὶ οὐ A: καὶ οἱ B || 17 deest Ar usque ad 1461 a 5 ||
20 οἱ om. A || 22 δεῖ B: δὴ A || 23 ἄλλο δὲ Robortelli: ἀλλ᾽ οὐδὲ AB,
defendit Butcher qui, collato *Rhét.* 1357 a 17-18, scribit ἀλλ᾽ οὐδὲ ...
ἀνάγκη <κἀκεῖνο> ... [ᾖ] προσθεῖναι || 24 ᾖ AB: secl. nonnulli || 26
τούτου Robortelli: τούτου τὸ B τοῦτο A || 30 ὁ Λάιος apogr.: ὁ ἴόλαος
A τὸ ἰόλαος B.

É preciso, então, nas tragédias, causar o maravilhoso, no entanto, se admite mais na epopeia o irracional por causa do qual ocorre, sobretudo, o maravilhoso,[247] pelo fato de <o espectador> não mirar[248] o agente; uma vez que os eventos relativos à perseguição de Heitor 15 pareceriam ridículos sobre a cena, uns, estáticos e não o perseguindo, e o outro negando (impedindo a ação) com sinal de cabeça,[249] mas nos versos épicos <esse problema> escapa à percepção.

E sobretudo Homero ensinou também aos outros <poetas> a dizer coisas falsas[250] como é preciso e isso constitui paralogismo.[251] Supõem, com efeito, os homens 20 que sempre que existindo isso aqui, aquilo ali exista ou se produzindo <isto aqui> se produza <aquilo ali>, se o depois existe, também o anterior <supõem> existir ou se produzir; e isso é falso. Por isso, em verdade, se o anterior é falso, nem se o posterior existe, é necessário <o anterior> ser, produzir-se ou ser imputado. Com efeito, por saber o posterior ser verdadeiro nossa alma paralogiza também o anterior como existindo. E exem- 25 plo disso provém do episódio do "Banho".[252]

É preciso preferir o impossível verossímil ao possível não persuasivo;[253] e <é preciso> os argumentos não serem organizados a partir de irracionais, mas, sobretudo, certamente, não conter nada de irracional, caso contrário, <que seja> fora do *mýtheuma*[254] como o fato de Édipo não saber como Laio[255] foi morto, mas não no 30 drama, como na *Electra* os que narram os Jogos Píticos ou nos *Mísios,* quem, silencioso, chega de Tegeia à Mísia. De modo que o dizer que <assim> teria sido destruído o *mŷthos* é ridículo; pois, para começar, não é preciso serem organizados *mŷthoi* semelhantes, mas, se um <poeta> o tiver proposto e parecer de modo plausível ser possível, embora atópico, uma vez que também as

γωτέρως, ἐνδέχεσθαι, καὶ ἄτοπον, ἐπεὶ καὶ τὰ ἐν Ὀδυσσείᾳ 35
ἄλογα τὰ περὶ τὴν ἔκθεσιν, ὡς οὐκ ἂν ἦν ἀνεκτά, δῆλον ἂν
γένοιτο, εἰ αὐτὰ φαῦλος ποιητὴς ποιήσειεν· νῦν δὲ τοῖς ἄλ- 1460 b
λοις ἀγαθοῖς ὁ ποιητὴς ἀφανίζει ἡδύνων τὸ ἄτοπον.

Τῇδὲ
λέξει δεῖ διαπονεῖν ἐν τοῖς ἀργοῖς μέρεσι καὶ μήτε ἠθικοῖς
μήτε διανοητικοῖς· ἀποκρύπτει γὰρ πάλιν ἡ λίαν λαμπρὰ
λέξις τά τε ἤθη καὶ τὰς διανοίας. 5

25

Περὶ δὲ προβλημάτων καὶ λύσεων, ἐκ πόσων τε καὶ
ποίων εἰδῶν ἐστιν, ὧδ᾽ ἂν θεωροῦσι γένοιτ᾽ ἂν φανερόν.

Ἐπεὶ
γάρ ἐστι μιμητὴς ὁ ποιητής, ὥσπερανεὶ ζωγράφος ἤ τις
ἄλλος εἰκονοποιός, ἀνάγκη μιμεῖσθαι τριῶν ὄντων τὸν ἀριθ-
μὸν ἕν τι ἀεί· ἢ γὰρ οἷα ἦν ἢ ἔστιν, ἢ οἷά φασιν καὶ δοκεῖ, 10
ἢ οἷα εἶναι δεῖ. Ταῦτα δ᾽ ἐξαγγέλλεται λέξει ἐν ᾗ καὶ γλῶτ-
τα καὶ μεταφορὰ καὶ πολλὰ πάθη τῆς λέξεώς ἐστιν·
δίδομεν γὰρ ταῦτα τοῖς ποιηταῖς.

Πρὸς δὲ τούτοις οὐχ ἡ αὐτὴ
ὀρθότης ἐστὶν τῆς πολιτικῆς καὶ τῆς ποιητικῆς, οὐδὲ ἄλλης τέ-
χνης καὶ ποιητικῆς. Αὐτῆς δὲ τῆς ποιητικῆς διττὴ ἁμαρ- 15
τία· ἡ μὲν γὰρ καθ᾽ αὑτήν, ἡ δὲ κατὰ συμβεβηκός. Εἰ μὲν
γὰρ <τι> προείλετο μιμήσασθαι <μὴ ὀρθῶς δὲ ἐμιμήσατο δι᾽>
ἀδυναμίαν, αὐτῆς ἡ ἁμαρτία· εἰ δὲ τῷ προελέσθαι μὴ ὀρθῶς,
ἀλλὰ τὸν ἵππον <ἅμ᾽> ἄμφω τὰ δεξιὰ προβεβληκότα, ἢ τὸ καθ᾽
ἑκάστην τέχνην ἁμάρτημα, οἷον τὸ κατ᾽ ἰατρικὴν ἢ ἄλλην 20

---

35 ἄτοπον· ἄτοπον <ὄν> Butcher. || 1460 b 7 ποίων B: ποίων ἂν A || 9
τὸν ἀριθμὸν B: τῶν ἀριθμῶν A || te οἷα B: om. A || 11 ἐν ᾗ ... μεταφορά
B: ᾗ καὶ γλώτταις καὶ μεταφοραῖς A <κυρίᾳ λέξει> ᾗ καὶ γλώτταις καὶ
μετ. coni. Heinsius || 14-15 τῆς πολιτικῆς ... αὐτῆς δὲ om. B || 16 εἰ μὲν A
corr.: ᾗ μὲν A pr m ᾗ εἰμέν B. || 17 τι ... μὴ ὀρθῶς δὲ ἐμιμήσατο δι᾽ suppl.
Butcher || 18 ἀδυναμίαν A: ἀδυναμία B || εἰ δὲ apogr.: ἡ δὲ AB || τῷ
apogr.: τὸ A om. B || 19 ἅμ᾽ add. Vahlen.

coisas irracionais <existem> na *Odisseia* concernentes   35
ao desembarque,[256] tornar-se-ia evidente que não seriam
suportáveis, se um poeta medíocre as compusesse; mas   1460 b
agora, temperando o atópico com outras excelências, o
poeta[257] o torna invisível.

E, quanto à elocução, é preciso elaborar as partes
inativas, mas nem éticas nem dianoéticas,[258] pois, caso
contrário, a elocução brilhante em excesso esconde os
caracteres e os pensamentos.   5

Capítulo XXV – Problemas críticos e soluções[259]

E sobre os problemas e soluções, de quantas e
quais espécies são, poderia tornar-se claro para quem
as contempla do modo seguinte.

Com efeito, uma vez que o poeta é um mimético,
como se fosse[260] um pintor ou algum outro produtor de
imagens, é necessário mimetizar algo sempre em um
único entre três modos possíveis, quanto ao número,   10
ou quais eram ou são, ou quais dizem e parecem ser,
ou quais é preciso serem. E isso é anunciado por uma
elocução, em que existem nomes estrangeiros, metáfora
e muitas modificações[261] da elocução; concedemos, com
efeito, isso aos poetas.[262]

E, além disso, não a mesma correção é própria
da política e da poética,[263] nem de outra arte diferente
também da poética. Da própria poética, o erro é duplo: 15
com efeito, um, em si mesmo e o outro, por acidente.
Pois, se, por um lado, <o poeta> escolheu mimetizar
<algo>***[264] <mas não mimetizou corretamente, por>
incapacidade,[265] dela é o erro;[266] se, por outro, escolheu
<mimetizar> não corretamente, mas o cavalo <simul-
taneamente> com ambas as patas direitas adiantadas,
ou o erro[267] for concernente a cada arte particular, por   20

τέχνην, ἢ ἀδύνατα πεποίηται ὁποιαῦν, οὐ καθ᾽ ἑαυτήν. Ὥστε
δεῖ τὰ ἐπιτιμήματα ἐν τοῖς προβλήμασιν ἐκ τούτων ἐπισκο-
ποῦντα λύειν.

Πρῶτον μὲν τὰ πρὸς αὐτὴν τὴν τέχνην <εἰ> ἀδύ-
νατα πεποίηται, ἡμάρτηται· ἀλλ᾽ ὀρθῶς ἔχει, εἰ τυγχάνει τοῦ
τέλους τοῦ αὐτῆς (τὸ γὰρ τέλος εἴρηται), εἰ οὕτως ἐκπληκτικώ-   25
τερον ἢ αὐτὸ ἢ ἄλλο ποιεῖ μέρος. Παράδειγμα ἡ τοῦ Ἕκτορος
δίωξις. Εἰ μέντοι τὸ τέλος ἢ μᾶλλον ἢ <μὴ> ἧττον ἐνεδέχετο
ὑπάρχειν καὶ κατὰ τὴν περὶ τούτων τέχνην, ἡμαρτῆσθαι οὐκ
ὀρθῶς· δεῖ γάρ, εἰ ἐνδέχεται, ὅλως μηδαμῇ ἡμαρτῆσθαι.

Ἔτι
ποτέρων ἐστὶ τὸ ἁμάρτημα, τῶν κατὰ τὴν τέχνην ἢ κατ᾽ ἄλλο   30
συμβεβηκός; ἔλαττον γάρ, εἰ μὴ ᾔδει ὅτι ἔλαφος θήλεια κέρατα
οὐκ ἔχει, ἢ εἰ ἀμιμήτως ἔγραψεν. Πρὸς δὲ τούτοις ἐὰν
ἐπιτιμᾶται ὅτι οὐκ ἀληθῆ, ἀλλ᾽ ἴσως <ὡς> δεῖ, οἷον καὶ Σοφο-
κλῆς ἔφη αὐτὸς μὲν οἵους δεῖ ποιεῖν, Εὐριπίδην δὲ οἷοι εἰσίν,
ταύτῃ λυτέον. Εἰ δὲ μηδετέρως, ὅτι οὕτω φασίν, οἷον τὰ περὶ   35
θεῶν· Ἴσως γὰρ οὔτε βέλτιον [οὔτε] λέγειν οὔτ᾽ ἀληθῆ, ἀλλ᾽
ἔτυχεν ὥσπερ Ξενοφάνει· ἀλλ᾽ οὖν φασι. Τὰ δὲ ἴσως οὐ   1461 a
βέλτιον μέν, ἀλλ᾽ οὕτως εἶχεν, οἷον τὰ περὶ τῶν ὅπλων,
"ἔγχεα δέ σφιν ὄρθ᾽ ἐπὶ σαυρωτῆρος". οὕτω γὰρ τότ᾽ ἐνόμιζον,
ὥσπερ καὶ νῦν Ἰλλυριοί.

---

21 ὁποιαοῦν Winstanley: ὁποίαν οὖν AB. ‖ 23 <εἰ> ex apogr. suppl.
‖ 27 μὴ Ueberweg; cf. Metaphys. X 5, 62, a 25 ‖ 33 <ὡς> coni. Vahlen
‖ 34 Εὐριπίδην Heinsius: -πίδης AB ‖ 36 οὔτε AB: οὕτω apogr. probant
nonnulli ‖ 1461 a 1 ἔτυχεν A: εἰ ἔτυχεν B coniecerat Vahlen ‖ Ξενοφάνει
B: Ξενοφάνη A ‖ οὖν Tyrwhitt: οὐ AB.

116

exemplo, concernente à arte de curar ou à outra arte ou compôs impossibilidades quaisquer, não é concernente a ela mesma. De modo que, nos problemas, a partir destas observações, é preciso solucionar as reprovações que <os> inspecionam.

Por primeiro, as relativas à própria arte; compuseram-se coisas impossíveis, está errado; mas é correto se atinge o fim próprio dela (pois o fim já ficou dito), se 25 deste modo torna mais aterradora ou a própria <parte> ou outra parte. Um exemplo é a perseguição de Heitor.[268] Se, entretanto, o fim[269] era possível conseguir-se também de acordo com a arte relativa a essas coisas, estar errado não é correto;[270] pois é preciso, se possível, em suma, não estar errado de modo algum.

E, ainda, de qual das duas espécies é o erro, dos 30 concernentes à arte ou dos concernentes à outra coisa acidental? Pois é menor se não sabia que a corça fêmea não tem chifres do que se a pintou[271] sem *mímesis*. Além disso, se for reprovado porque não verdadeiramente[272] <pintou>, mas talvez como se deve, por exemplo, também o próprio Sófocles, por um lado, afirmava compor <os homens> quais devem <ser>; Eurípides, por outro, quais são, assim é preciso solucionar <o problema>. Mas se de nenhum nem de outro modo, já que assim dizem, 35 por exemplo, o concernente aos deuses, pois talvez nem desse modo <seja preciso> dizê-las nem verdadeiramente, mas como por acaso ocorreu a Xenófanes 1461 a <dizer>,[273] mas, em todo caso, <assim> dizem; e outras coisas não <se dizem> melhor, mas assim eram, por exemplo, o relativo às armas, "*égkhea dé sphin órth' epì saurotêros*"[274] (Tinham as lanças <fincadas> exatamente sobre a culatra); pois assim as usavam outrora e ainda hoje os ilírios.

Περὶ δὲ τοῦ καλῶς ἢ μὴ καλῶς
ἢ εἴρηταί τινι ἢ πέπρακται, οὐ μόνον σκεπτέον εἰς αὐτὸ τὸ 5
πεπραγμένον ἢ εἰρημένον βλέποντα εἰ σπουδαῖον ἢ φαῦ-
λον, ἀλλὰ καὶ εἰς τὸν πράττοντα ἢ λέγοντα, πρὸς ὃν ἢ
ὅτε ἢ ὅτῳ ἢ οὗ ἕνεκεν, οἷον ἢ μείζονος ἀγαθοῦ, ἵνα γέ-
νηται, ἢ μείζονος κακοῦ, ἵνα ἀπογένηται.
Τὰ δὲ πρὸς τὴν
λέξιν ὁρῶντα δεῖ διαλύειν, οἷον γλώττῃ "οὐρῆας μὲν πρῶ- 10
τον". ἴσως γὰρ οὐ τοὺς ἡμιόνους λέγει ἀλλὰ τοὺς φύ-
λακας. Καὶ τὸν Δόλωνα "ὅς ῥ᾽ ἦ τοι εἶδος μὲν ἔην κακός",
οὐ τὸ σῶμα ἀσύμμετρον, ἀλλὰ τὸ πρόσωπον αἰσχρόν· τὸ
γὰρ εὐειδὲς οἱ Κρῆτες εὐπρόσωπον καλοῦσιν. Καὶ τὸ "ζωρό-
τερον δὲ κέραιε" οὐ τὸ ἄκρατον ὡς οἰνόφλυξιν, ἀλλὰ τὸ 15
θᾶττον.
Τὸ δὲ κατὰ μεταφορὰν εἴρηται, οἷον "πάντες μέν
ῥα θεοί τε καὶ ἀνέρες εὗδον παννύχιοι·" ἅμα δέ φησιν
"ἤτοι ὅτ᾽ ἐς πεδίον τὸ Τρωϊκὸν ἀθρήσειεν, αὐλῶν συρίγγων
θ᾽ ὁμαδόν." Τὸ γὰρ πάντες ἀντὶ τοῦ πολλοὶ κατὰ μετα-
φορὰν εἴρηται· τὸ γὰρ πᾶν πολύ τι. Καὶ τὸ "οἴη δ᾽ ἄμ- 20
μορος" κατὰ μεταφοράν· τὸ γὰρ γνωριμώτατον μόνον.
Κατὰ δὲ προσῳδίαν, ὥσπερ Ἱππίας ἔλυεν ὁ Θάσιος, τὸ "δίδο-
μεν δέ οἱ εὖχος ἀρέσθαι" καὶ "τὸ μὲν οὗ καταπύθεται ὄμβρῳ."

---

6 εἰ B: ἢ A ‖ 7 πρὸς A: ἢ πρὸς B. ‖ 10 οὐρῆας A: τὸ οὐρῆας B ‖ 16
πάντες postulat quod sequitur: ἄλλοι AB Homerus ‖ 17 ἱπποκορυσταὶ
(Homerus) post ἀνέρες habebat Σ ‖ 19 τοῦ B: om. A. ‖ 23 εὖχος ἀρέσθαι
B: om. A ‖ quem sensum praebeat οῦ non video; suspicor Hippiam
Thasium οὖ sed ex οὐ ita correxisse ut partícula non ad καταπύθεται
sed ad καταπύθεται ὄμβρῳ pertineret.

E sobre o que belamente ou não belamente foi dito 5
ou feito por alguém, não só se deve considerar o próprio
dito ou feito, vendo se é elevado ou vulgar, mas também
o agente ou falante, em relação a quem, ou quando, ou
para que ou por causa de quem, por exemplo, se <por
causa> do maior bem a fim de que aconteça ou <por
causa> do maior mal a fim de que se evite.

Uns <problemas> é preciso resolver mirando a 10
elocução, por exemplo, pela via do nome estrangeiro,
em "*ourêas mèn prôton*"[275] (os mulos, de fato, primeiro),
pois talvez não signifique "mulos" mas "sentinelas"; tam-
bém sobre "Dólon "*hós rh'hê toi eîdos mèn éen kakós*" (o
qual, enquanto forma, era feio) não quanto a um corpo
assimétrico, mas a um rosto disforme, pois os cretenses
denominam "*eueidés*" (formoso) o "*euprósopon*" (belo 15
de rosto); e "*dzoróteron dè kéraie*"[276] (mistura-o <vinho>
mais puro) não <significa> o não misturado como para
o beberrão, mas "mais depressa".

E há o que está dito por metáfora, por exemplo,
"*pántes mèn rha theoí te kaì anéres eûdon pannýkhioi*"[277]
(Todos os deuses, certamente, e também os heróis dor-
miam toda a noite). E, ao mesmo tempo, diz: "*étoi hót'es
pedíon tò troïkòn athréseien, aulôn suríggon th' hóma-
don*" (quando olhava para a planície troiana, de flautas
e siringes o tumulto);[278] como efeito "todos" em lugar
de "muitos" por metáfora foi dito, pois "todo", em algum 20
sentido, é "muito". E "*oie d'ámmoros*"[279] (ela, como ím-
par,[280] não <é> partícipe) <foi dito> por metáfora, pois
o mais notório é "*mónon*" (somente).

E segundo a prosódia, como Hípias de Tarso so-
lucionava "*dídomen dè hoi eûxos arésthai*"[281] (nós [te]
concedemos obter teu desejo) e "*tò mén hoû katapýthe-
tai ómbroi*"[282] (um de que está podre pela chuva). E
outros <problemas> se solucionam pela diérese,[283] por

Τὰ δὲ διαιρέσει, οἷον Ἐμπεδοκλῆς "αἶψα δὲ θνήτ᾽ ἐφύοντο,
τὰ πρὶν μάθον ἀθάνατ᾽ εἶναι, ζωρά τε πρὶν κέκρητο". Τὰ δὲ 25
ἀμφιβολίᾳ· "παρῴχηκεν δὲ πλέω νύξ." τὸ γὰρ πλείω ἀμφί-
βολόν ἐστιν. Τὰ δὲ κατὰ τὸ ἔθος τῆς λέξεως· τῶν κεκραμένων
<οἰονοῦν> οἶνόν φασιν εἶναι· ὅθεν εἴρηται ὁ Γανυμήδης "Διὶ
οἰνοχεύειν", οὐ πινόντων οἶνον καὶ χαλκέας τοὺς τὸν σίδηρον
ἐργαζομένους· ὅθεν πεποίηται "κνημὶς νεοτεύκτου κασσι- 30
τέροιο". Εἴη δ᾽ ἂν τοῦτό γε κατὰ μεταφοράν.

Δεῖ δὲ καὶ ὅταν
ὄνομά τι ὑπεναντίωμά τι δοκῇ σημαίνειν, ἐπισκοπεῖν ποσαχῶς
ἂν σημήνειε τοῦτο ἐν τῷ εἰρημένῳ, οἷον "τῇ ῥ᾽ ἔσχετο
χάλκεον ἔγχος," τῷ ταύτῃ κωλυθῆναι ποσαχῶς ἐνδέχεται.
Ὡδὶ δὲ μάλιστ᾽ ἄν τις ὑπολάβοι, κατὰ τὴν καταντικρὺ ἢ ὡς 35
Γλαύκων λέγει, ὅτι ἔνιοι ἀλόγως προϋπολαμβάνουσί τι, καὶ 1461 b
αὐτοὶ καταψηφισάμενοι συλλογίζονται, καὶ ὡς εἰρηκότος
ὅτι δοκεῖ ἐπιτιμῶσιν, ἂν ὑπεναντίον ᾖ τῇ αὐτῶν οἰήσει. Τοῦτο
δὲ πέπονθε τὰ περὶ Ἰκάριον. Οἴονται γὰρ αὐτὸν Λάκωνα
εἶναι· ἄτοπον οὖν τὸ μὴ ἐντυχεῖν τὸν Τηλέμαχον αὐτῷ εἰς 5
Λακεδαίμονα ἐλθόντα. Τὸ δ᾽ ἴσως ἔχει ὥσπερ οἱ Κεφαλῆ-
νές φασιν· παρ᾽ αὐτῶν γὰρ γῆμαι λέγουσι τὸν Ὀδυσσέα,
καὶ εἶναι Ἰκάδιον ἀλλ᾽ οὐκ Ἰκάριον· Διαμάρτημα δὲ τὸ
πρόβλημα εἰκός ἐστιν.

Ὅλως δὲ τὸ ἀδύνατον μὲν πρὸς τὴν
ποίησιν ἢ πρὸς τὸ βέλτιον ἢ πρὸς τὴν δόξαν δεῖ ἀνάγειν. 10
Πρός τε γὰρ τὴν ποίησιν αἱρετώτερον πιθανὸν ἀδύνατον ἢ

---

25 εἶναι B = Ar: om. A || ζωρά ex Athenaeo X 423 restitutum: ζῷα AB
|| 27 τῶν κεκρ. <οἰονοῦν> Tucker: <ὅσα> τῶν κεκρ. coni. Vahlen τῶν
κεκρ. A τὸν κεκραμένον B || 28-31 dourum exemplorum ὅθεν εἴρηται...
"ὅθεν πεποίηται in codd. locus permutatus || οἰνοχευειν B: οἰνοχεύει A
|| 35 ὡδὶ δέ script Butcher: ὡδὶ ἢ ὥ ς ex ὡδιηως corr. A ὡδὶ ἢ ὡδὶ ὡς B
servat Rostagni ἐνδέχεται ὡδί, ἢ ὡς interpungit Vahlen || 1461 b 1 ἔνιοι
habebat Σ: ἔνια AB || τι B: om. A || 2 εἰρηκότος B: -κόντες A || 3 deest
B usque ad 1462 a 17 || 9 εἰκός: <εἶναι> εἰκός Hermann.

exemplo, Empédocles <diz>: "*aîpsa dè thnét'ephúonto tà prín máthon athánat'eînai dzorá te prín kékreto*" (e logo nasciam mortais, antes aprenderam a ser imortais, e puras antes, ficaram misturadas <depois>).[284] E outros <problemas> por anfibolia:[285] "*paróikheken dè pléo nýks*" (a maioria [o mais] da noite já decorreu[286]); "Pleío", com efeito, é anfibológico. E outros <problemas se solucionam> por hábito da elocução; dizem ser <*oînon*> (vinho) o que está misturado, donde dizem Ganimedes "verter o vinho a Zeus", mesmo não bebendo vinho os deuses; e <dizem> bronzistas os trabalhadores do ferro, donde também foi composto "*knemìs neoteúktou kassitéroio*"[287] (greva de estanho recém-fabricado). E isso seria por metáfora.

E é preciso também, quando um nome pareça significar uma contradição, examinar de que modos ele poderia significar naquilo que foi dito, por exemplo, "nesta <camada> se deteve a bronzínea lança",[288] de quantas maneiras o ter-se detido nesta é possível; deste modo aqui ou o melhor possível que alguém poderia supor.[289] De modo diametralmente oposto, ou como Gláucon[290] diz, que alguns irracionalmente pressupõem algo e eles próprios, mesmo o tendo condenado raciocinam, e, sob a legação de o <poeta> ter dito o que lhes parece, o censuram, se for contraditório à suposição deles. O relativo a Icário[291] padece disso. Pois supõem ser ele lacônio; atópico então o fato de Telêmaco não se encontrar com ele, tendo ido a Lacedemônia. Mas isso talvez seja como os Cefalenos dizem; pois entre eles dizem Odisseu ter-se casado e ser Icádio e não Icário <o nome>; e é verossímil o problema ser um grave erro.

Mas, em suma, o impossível,[292] em favor da poesia ou do melhor ou da opinião comum é preciso reconduzir.[293] Com efeito, em vista da poesia, é preferível um

ἀπίθανονκαὶδυνατόν<καὶἴσωςἀδύνατον>τοιούτουςεἶναιοἵους Ζεῦξις ἔγραφεν, ἀλλὰ βέλτιον· τὸ γὰρ παράδειγμα δεῖ ὑπερέχειν. Πρὸς <δ'> ἅ φασι τἄλογα· οὕτω τε καὶ ὅτι ποτὲ οὐκ ἄλογόν ἐστιν· εἰκὸς γὰρ καὶ παρὰ τὸ εἰκὸς γίνεσθαι. 15

Τὰ δ' ὑπεναντίως εἰρημένα οὕτω σκοπεῖν, ὥσπερ οἱ ἐν τοῖς λόγοις ἔλεγχοι, εἰ τὸ αὐτὸ καὶ πρὸς τὸ αὐτὸ καὶ ὡσαύτως, ὥστε καὶ λυτέον ἢ πρὸς ἃ αὐτὸς λέγει ἢ ὃ ἂν φρόνιμος ὑποθῆται. Ὀρθὴ δ' ἐπιτίμησις καὶ ἀλογίᾳ καὶ μοχθηρίᾳ, ὅταν μὴ ἀνάγκης οὔσης μηδὲν χρήσηται τῷ ἀλόγῳ, ὥσπερ Εὐρι- 20 πίδης τῷ Αἰγεῖ, ἢ τῇ πονηρίᾳ, ὥσπερ ἐν Ὀρέστῃ τοῦ Μενελάου.

Τὰ μὲν οὖν ἐπιτιμήματα ἐκ πέντε εἰδῶν φέρουσιν· ἢ γὰρ ὡς ἀδύνατα ἢ ὡς ἄλογα ἢ ὡς βλαβερὰ ἢ ὡς ὑπεναντία ἢ ὡς παρὰ τὴν ὀρθότητα τὴν κατὰ τέχνην· αἱ δὲ λύσεις ἐκ τῶν εἰρημένων ἀριθμῶν σκεπτέαι, εἰσὶν δὲ δώδεκα. 25

26

Πότερον δὲ βελτίων ἡ ἐποποιικὴ μίμησις ἢ ἡ τραγική, διαπορήσειεν ἄν τις. Εἰ γὰρ ἡ ἧττον φορτικὴ βελτίων, τοιαύτη δ' ἡ πρὸς βελτίους θεατάς ἐστιν ἀεί, λίαν δῆλον ὅτι ἡ ἅπαντα μιμουμένη φορτική. Ὡς γὰρ οὐκ αἰσθανομένων, ἂν μὴ αὐτὸς προσθῇ, πολλὴν κίνησιν κινοῦνται, οἷον οἱ φαῦλοι 30

---

12 καὶ ἴσως ἀδύνατον add. Gomperz = Ar *fortasse eorum impossibile est* || οἵους apogr.: οἶον A || 14 δ' add. Ueberweg || 16 ὑπεναντίως = Ar *contrarie*: ὑπεναντία ὡς A || 18 ὥστε καὶ λυτέον M. Schmidt: ὥστε καὶ αὐτὸν A || φρόνιμος apogr.: φρόνημον A || 20 μηδέν: <πρὸς> || 30 κινοῦνται apogr.: κινοῦντα A ||μηδὲν Gomperz, quod probari potest || 21 τοῦ Μενελάου: <τῇ> τοῦ Μενελάου coni. Vahlen || 26 βελτίων apogr.: βελτίον (sic) A || 28 ἀεί, λίαν Vahlen: δειλίαν A

persuasivo impossível a um não persuasivo possível;[294] <talvez de fato> seja <impossível> serem <os homens> tais como Zêuxis os pintou, mas <talvez> <isso seja> melhor, pois o paradigma é preciso ser superior. Em relação às coisas que dizem é preciso reconduzir o irracional; assim <é> até porque alguma vez não é irracional; pois é verossímil também ocorrerem <eventos> 15 contra a probabilidade.[295]

E as coisas contraditoriamente ditas, assim <é preciso> examiná-las, exatamente como as refutações nos argumentos <dialéticos> se o mesmo, e em relação ao mesmo, e da mesma maneira, de modo a <contradizer> o próprio poeta ou em relação ao que ele mesmo diz ou <em relação> ao que pode supor um homem sensato. Mas é correta a reprovação não só à irracionalidade, mas também à maldade, quando não havendo nenhuma necessidade, o poeta se servir do irracional, como 20 Eurípides <se serviu> de Egeu,[296] ou da vileza como, no *Orestes*, da de Menelau.[297]

Então, reprovações <os detratores> aplicam de cinco espécies: com efeito, ou como coisas impossíveis, ou em vista do irracional, ou como prejudiciais, ou como contraditórias, ou como contra a correção segundo a arte. E as soluções devem ser observadas a partir da enumeração já dita. E são doze.[298] 25

Capítulo XXVI – A tragédia é superior à epopeia

Sobre qual das duas é melhor, a *mímesis* épica ou a trágica, alguém poderia ficar em aporia.[299] Pois se a menos grosseira é a melhor, e tal é sempre a <*mímesis*> em vista de espectadores melhores, é bastante evidente que a que mimetiza tudo[300] é grosseira; com efeito, como se <estes>[301] não compreendessem se ele mesmo[302] não 30

αὐληταὶ κυλιόμενοι ἂν δίσκον δέῃ μιμεῖσθαι, καὶ ἕλκοντες τὸν κορυφαῖον, ἂν Σκύλλαν αὐλῶσιν. Ἡ μὲν οὖν τραγῳδία τοιαύτη ἐστίν, ὡς καὶ οἱ πρότερον τοὺς ὑστέρους αὐτῶν ᾤοντο ὑποκριτάς· ὡς λίαν γὰρ ὑπερβάλλοντα, πίθηκον ὁ Μυννίσκος τὸν Καλλιππίδην ἐκάλει, τοιαύτη δὲ δόξα καὶ περὶ Πιν- 35 δάρου ἦν. Ὡς δ᾽ οὗτοι ἔχουσι πρὸς αὑτούς, ἡ ὅλη τέχνη πρὸς 1462 a τὴν ἐποποιίαν ἔχει. Τὴν μὲν οὖν πρὸς θεατὰς ἐπιεικεῖς φασιν εἶναι <οἳ> οὐδὲν δέονται τῶν σχημάτων, τὴν δὲ τραγικὴν πρὸς φαύλους. Εἰ οὖν φορτική, χείρων δῆλον ὅτι ἂν εἴη.

Πρῶτον μὲν οὐ τῆς ποιητικῆς ἡ κατηγορία ἀλλὰ τῆς ὑποκριτικῆς, ἐπεὶ 5 ἔστι περιεργάζεσθαι τοῖς σημείοις καὶ ῥαψῳδοῦντα, ὅπερ [ἐστὶ] Σωσίστρατος, καὶ διᾴδοντα, ὅπερ ἐποίει Μνασίθεος ὁ Ὀπούντιος. Εἶτα οὐδὲ κίνησις ἅπασα ἀποδοκιμαστέα, εἴπερ μηδ᾽ ὄρχησις, ἀλλ᾽ ἡ φαύλων, ὅπερ καὶ Καλλιππίδῃ ἐπετιμᾶτο καὶ νῦν ἄλλοις, ὡς οὐκ ἐλευθέρας γυναῖκας μιμουμένων.

Ἔτι ἡ τρα- 10 γῳδία καὶ ἄνευ κινήσεως ποιεῖ τὸ αὑτῆς, ὥσπερ ἡ ἐποποιία· διὰ γὰρ τοῦ ἀναγινώσκειν φανερὰ ὁποία τίς ἐστιν. Εἰ οὖν ἐστι τά ἄλλα κρείττων, τοῦτό γε οὐκ ἀναγκαῖον αὐτῇ ὑπάρχειν. Ἔστι δ᾽ ἐπεὶ τὰ πάντ᾽ ἔχει ὅσαπερ ἡ ἐποποιία (καὶ γὰρ τῷμέτρῳ ἔξεστι χρῆσθαι), καὶ ἔτι οὐ μικρὸν μέρος τὴν μουσικὴν 15 καὶ τὰς ὄψεις, δι᾽ ἃς αἱ ἡδοναὶ συνίστανται ἐναργέστατα. Εἶτα καὶ τὸ ἐναργὲς ἔχει καὶ ἐν τῇ ἀναγνώσει καὶ ἐπὶ τῶν ἔργων.

1462 a 3 οἵ Vettori = Ar ‖ σχημάτων τὴν apogr.: σχημάτα αὑτὴν (τα αὑ in litura) A ‖ 4 εἰ apogr.: ἡ A ‖ 6 ἐστι secl. Sengel ‖ 7 ὁ Ὀπούντιος apogr.: ὁ πούντιος A ‖ 13 αὑτῇ: αὑτὴ A ‖ 14 ἔστι δ᾽ ἐπεὶ Gomperz: ἔστι δ᾽, ὅτι Usener ἔπειτα διότι A = Ar. ‖ 16 δι᾽ ἃς coni. Vahlen = Ar: δι᾽ ἧς A defendit Bywater ‖ ἐναργέστατα … ἐναργὲς ΑΒ: ἐνεργέστατα … ἐνεργὲς legebat Syrus ‖ 17 ἀναγνώσει Madius: ἀναγνωρίσει ΑΒ

124

acrescentasse <algo>, movem-se em excessiva movimentação, como os maus flautistas, rodopiando se for preciso mimetizar o lançamento do disco, e arrastando para si o corifeu, ao tocarem Cila. Certamente, a tragédia é tal como também os de outrora supunham os atores posteriores a eles <terem sido>: com efeito, a pretexto de que se excedia, Minisco chamava Calípedes[303] macaco e fama semelhante também existia sobre Píndaro.[304] E, como estes estão para aqueles,[305] a arte trágica inteira está para a epopeia. A <mímesis> épica, então, dizem ser para os espectadores bons, os quais em nada precisam dos gestos, e a trágica para os maus; então, a[306] grosseira é evidente que seria pior.[307]

Em primeiro lugar, sem dúvida, a acusação não é própria da arte poética, mas da do ator, uma vez que é possível exagerar nas gesticulações não só sendo rapsodo, o que é Sosístrato, mas também cantando, o que fazia Mnasíteu de Opunte. Em seguida, nem todo movimento deve rejeitar-se, se, de fato, não se deve rejeitar a dança, mas o dos maus <atores>, o que também em Calípedes era reprovado e agora em outros, por mimetizarem mulheres não livres.

Ademais, a tragédia até mesmo sem movimento produz seu <efeito> próprio exatamente com a epopeia; pois através da leitura é possível alguém <ver> sua qualidade[308] manifesta; se, então, é, realmente, superior quanto ao resto, isso, de fato, não é necessário nela estar presente. Em seguida, porque possui tudo[309] quanto a epopeia <possui> (pois em verdade é possível servir-se de seu metro) e ainda, e <isso> não <é> despiciendo, a música e os espetáculos, por meio dos quais os prazeres[310] têm lugar o mais visivelmente possível; depois, também possui visibilidade não só na leitura mas também nas ações <representadas>.[311]

Ἔτι τὸ ἐν ἐλάττονι μήκει τὸ τέλος τῆς μιμήσεως εἶναι· τὸ γὰρ ἀθροώτερον ἥδιον ἢ πολλῷ κεκραμένον τῷ 1462b χρόνῳ, λέγω δὲ οἷον εἴ τις τὸν Οἰδίπουν θείη τὸν Σοφοκλέους ἐν ἔπεσιν ὅσοις ἡ Ἰλιάς. Ἔτι ἧττον μία ἡ μίμησις ἡ τῶν ἐποποιῶν (σημεῖον δέ· ἐκ γὰρ ὁποιασοῦν [μιμήσεως] πλείους τραγῳδίαι γίνονται), ὥστ᾽ ἐὰν μὲν ἕνα μῦθον ποιῶσιν, ἢ 5 βραχέως δεικνύμενον μύουρον φαίνεσθαι, ἢ ἀκολουθοῦντα τῷ συμμέτρῳ μήκει ὑδαρῆ. Λέγω δὲ οἷον ἐὰν ἐκ πλειόνων πράξεων ᾖ συγκειμένη, ὥσπερ ἡ Ἰλιὰς ἔχει πολλὰ τοιαῦτα μέρη καὶ ἡ Ὀδύσσεια <ἃ> καὶ καθ᾽ ἑαυτὰ ἔχει μέγεθος· καίτοι ταῦτα τὰ ποιήματα συνέστηκεν ὡς ἐνδέχεται ἄριστα, 10 καὶ ὅτι μάλιστα μιᾶς πράξεως μίμησις.

Εἰ οὖν τούτοις τε διαφέρει πᾶσι καὶ ἔτι τῷ τῆς τέχνης ἔργῳ (δεῖ γὰρ οὐ τὴν τυχοῦσαν ἡδονὴν ποιεῖν αὐτὰς ἀλλὰ τὴν εἰρημένην), φανερὸν ὅτι κρείττων ἂν εἴη μᾶλλον τοῦ τέλους τυγχάνουσα τῆς ἐποποιίας.

Περὶ μὲν οὖν τραγῳδίας καὶ ἐποποιίας, καὶ αὐτῶν 15 καὶ τῶν εἰδῶν καὶ τῶν μερῶν, καὶ πόσα καὶ τί διαφέρει, καὶ τοῦ εὖ ἢ μὴ τίνες αἰτίαι, καὶ περὶ ἐπιτιμήσεων καὶ λύσεων, εἰρήσθω τοσαῦτα.

---

18 τό ἐν: τῷ ἐν AB || 1462 b 1 ἥδιον ἢ Madius = Ar: ἴδιον ἢ B ἡδονή A || 3 μία ἡ Spengel: ἡ μία AB || 4 deficit Ar usque ad finem || μιμήσεως AB secl. Gomperz || 7 συμμέτρῳ Bernays: τοῦ μέτρου AB || vel ante vel post λέγω δὲ οἷον lacunam statuunt plerique, sed nihil fortasse est hic praeter anacoluthon et auctoris ad assuetam epici carminis speciem revertentis quasi correctionem || 9 ἃ ex apogr. add. || 10 καί τοι ταῦτα τὰ apogr.: καὶ τοιαῦτ᾽ ἄττα AB || 18 post ταῦτα (pro τοσαῦτα) in B legit Carlo Landi (Rivista di Philologia classica 1925 p. 55 I) περὶ δὲ ἰάμβων καὶ κωμῳδίας γράψω. v. Introd. p. 25.

E, ainda, por ser possível <atingir> o fim da *mímesis* numa extensão menor, pois o mais concentrado é mais prazeroso que o diluído em muito tempo, e quero dizer com isso, por exemplo, caso alguém possa colocar o *Édipo* de Sófocles em quantos versos épicos <contém> a *Ilíada*. Ademais, menos una é a *mímesis* das epopeias (e prova[312] é que, com efeito, a partir de qualquer qualidade que seja [de *mímesis*] muitas tragédias se produzem), de modo que se <os poetas épicos> compuserem um único *mŷthos,* ou bem, mostrando brevemente <*o mŷthos*> parece insuficiente, ou bem, segundo a extensão do metro <parece> aguada;[313] quero dizer, por exemplo, caso a partir de muitas ações tenha sido compostas, exatamente como a *Ilíada* e a *Odisseia* possuem muitas partes desse tipo, as quais também por si mesmas possuem magnitude; mas esses poemas estão organizados o melhor possível e, tanto quanto possível, são *miméseis* de uma única ação.

Se, então, <a tragédia> excele em tudo isso e ainda na consecução de sua arte <poética> (pois é preciso elas não produzirem um prazer qualquer,[314] mas o já mencionado) é manifesto que mais excelente seria, atingindo mais seu fim[315] que a epopeia.

Então, sobre a tragédia e a epopeia, elas próprias e sobre as espécies e partes e quantas e por que <a tragédia> excele e quais as causas de <serem> bem <compostas> ou não, ainda, e sobre as reprovações e soluções, tanto fique dito.[316]

Referências

Dicionários e fontes primárias

ARISTÓFANES. *Clouds, Wasps, Peace*. Edited and translated by Jeffrey Henderson. Cambridge; London: Harvard University Press, 1998.

ARISTÓTELES. *The Nicomachean Ethics*. With an english translation by H. Rackham. Cambridge: Harvard University Press, 1934.

ARISTÓTELES. *Poética*. Edición trilingüe por Valentín García Yebra. Madrid: Gredos, 1992.

ARISTÓTELES. *Retórica*. Prefácio e introdução de Manuel Alexandre Júnior. Tradução e notas de Manuel Alexandre Júnior, Paulo Farmhouse Alberto e Abel do Nascimento Pena. Lisboa: Imprensa Nacional; Casa da Moeda, 2005.

ARISTÓTELES. *Poética*. Tradução, prefácio e comentário de Eudoro de Sousa. Lisboa: Imprensa Nacional; Casa da Moeda, 2000.

ARISTÓTELES. *Poétique*. Texte établi et traduit par J. Hardy. Paris: Les Belles Lettres, 2008.

BAILLY, A. *Le Grand Bailly*: dictionnaire grec-français. Paris: Hachette, 2000.

CHANTRAINE, P. *Dictionnaire Étymologique de la Langue Grecque*. Paris: Klincksieck, 1999.

HOMERO. *Ilíada*. Tradução de Haroldo de Campos. São Paulo: Arx, 2002.

HOMERO. *Odisséia*. Tradução em versos de Carlos Alberto Nunes. Rio de Janeiro: Ediouro, 1997.

LIDDELL, H. G.; SCOTT, R. *Greek-English Lexicon*. Oxford: Clarendon Prees, 1996.

PLATÃO. *Statesman. Philebus. Ion*. Translated by Harold N. Fowler & W. R. M. Lamb. Cambridge; London: Harvard University Press, 2001.

PLATÃO. *Laches. Protagoras. Meno. Euthydemus*. Translated by W. R. M. Lamb. Cambridge; London: Harvard University Press, 1999.

PLATÃO. *Cratylus. Parmenides. Greater Hippias. Lesser*. Translated by Harold N. Fowler. Cambridge; London: Harvard University Press, 2002.

PLATÃO. *Euthyphro. Apology. Crito. Phaedo. Phaedrus*. Translated by Harold N. Fowler. Cambridge; London: Harvard University Press, 2001.

PLATÃO. *Republic*: Books I-V. Translated by Paul Shorey. Cambridge; London: Harvard University Press, 1999.

PLATÃO. *Republic*: Books VI-X. Translated by Paul Shorey. Cambridge: Harvard University Press, 1987.

PLATÃO. *The Laws*: Books VII-XII. Translated by R. G. Bury. Cambridge: Harvard University Press, 1984.

SÓFOCLES. *Édipo-Rei*. Tradução de Trajano Vieira. São Paulo: Perspectiva, 2001.

Comentadores

ELSE, G. *Plato and Aristotles on Poetry*. North Carolina: Chapel and London, 1986.

MACHADO R. *O nascimento do trágico*. Rio de Janeiro: J. Zahar, 2006.

NUSSBAUM, M. *A fragilidade da bondade*. São Paulo: Martins Fontes, 2009.

Notas

[1] No texto original de Aristóteles, os capítulos não têm nome, mas, em geral, os tradutores os intitulam para facilitar a leitura. No nosso caso, usamos como títulos de capítulos o que nos pareceu mais pertinente ao conteúdo de cada um e, algumas vezes, nos inspiramos nos títulos constantes da consagrada tradução em espanhol de Valentín Yebra (1992).

[2] Como bem chama a atenção Yebra, o termo "potência" (*dýnamis*) deve ser entendido aqui no segundo dos sentidos que lhe atribui Aristóteles em *Metafísica* (V, 12, 1019 a 3): "A potência de terminar bem algo, ou segundo sua destinação". Sinônimo de "capacidade".

[3] *Mŷthos* aqui não é simplesmente o relato mítico, mas, em sentido aristotélico específico, o conjunto articulado (em verdadeira sintaxe) das ações que o integram.

[4] Do mesmo modo que no caso do termo "*mŷthos*" – usado por Aristóteles em sentido técnico específico e não no corriqueiro de "mito" como lenda, relato fantasioso –, assim também a palavra *mímesis* será mantida como no original grego, já que a tradução mais comum por "imitação" não dá conta da complexidade dessa noção em Aristóteles, que, diferentemente de Platão, não entende *mímesis* como "cópia servil" ou "reprodução". E, mantidas em forma transliterada nesta tradução, serão flexionadas apenas no nominativo plural, respectivamente, "*miméseis*" e "*mŷthoi*".

[5] Como observa Yebra (1992, nota 16), essa é a primeira aproximação feita neste texto entre poética e pintura. Isso se repete em: 1448 a 5-6; 1448 b 11-12 e 15-16; 1450 a 26-29; 1450 b 1-3; 1454 b 9-11; 1460 b 9 e 31-32; e 1461 b 12-13.

[6] A palavra [ἐποποιία], embora registrada em alguns manuscritos, é suprimida em outros, como se observa no aparato crítico da página anterior

(p. 22). Optamos pela supressão porque sua presença não faz nenhum sentido na oração.

[7] Essa arte poética que imita apenas pela linguagem ou pela linguagem e ritmo e que não tinha nome à época de Aristóteles, chamamos hoje "literatura" simplesmente.

[8] Aristóteles, ao afirmar, contra a opinião comum – "dos homens em geral" –, que não se é poeta apenas por compor versos metrificados, mas por imitar através da linguagem (com ritmo ou não) está meramente repetindo observação de Sócrates, no *Fédon*, 61 b 3-5.

[9] Queremón foi um poeta dramático que floresceu na primeira metade do século IV a.C., citado por Aristóteles em *Retórica*, III, 12, 1413 b 13, como dramaturgo que teria escrito mais para ser lido do que representado.

[10] "*Nómos*" significa canto monódico, por vezes acompanhado de flauta ou cítara.

[11] Diz Yebra (1992, nota 32) a propósito: "Nos ditirambos e nómos, os três meios (ritmo, canto e verso) são usados ao longo de todo o poema; na tragédia e na comédia, o canto só se usava nas partes líricas".

[12] Para Aristóteles, o poeta mimético imita não homens direta e simplesmente, mas agentes, isto é, seres em geral que agem (podem ser deuses ou monstros). Seu foco, assim, é explicitamente o fenômeno da ação humana e eventualmente para-humana (49 b 36, 50 a 4,16, 51 a 31, 52 a 13, 62 b 1). Já para Platão em *República*, 603 c 4-5, os poetas imitadores imitam *homens* em ação. Em conclusão, um faz vir à tona a questão da alma, e o outro a da perfeita coordenação desse fenômeno imponderável e imprevisível das ações humanas.

[13] Embora Aristóteles atribua a Hegêmon de Tasso a invenção da paródia, Epicarmo e Cratino já tinham escrito esse tipo de imitação burlesca, que talvez o autor referido pelo filósofo tenha desenvolvido.

[14] No texto aristotélico consta apenas "o como" (*tó hos*), exatamente como esse termo consta das *Categorias*. Entretanto consagrou-se a tradução dessa categoria por "modo".

[15] Aqui agentes se diz "*práttontas*" e atuantes, "*drôntas*". Cinco linhas antes, Aristóteles usa o termo "*energoûntas*" com o mesmo sentido de "*drôntas*". Entre "agentes" e "atuantes" a diferença parece residir em que o primeiro termo poderia se referir a "personagem" (o que age, o senhor da ação), palavra ainda sem equivalente específico perfeito à época de Aristóteles. Já *drôntas* e *energoûntas* talvez indiquem mais os que, *in concreto*, executam a ação em cena, os atores, portanto.

132

[16] Atuantes, como já referido, corresponde, com a ressalva da nota anterior, a *drôntes* em grego, do verbo *drân* (agir, atuar) que dá drama (conjunto de ações).

[17] Os dórios.

[18] *Komádzein*, celebrar festividades, vem de *kômos*, que é festividade nas aldeias (*kóme*).

[19] Que duas causas da arte poética seriam essas? Uma, sem dúvida, é a própria *mímesis* como inata ao homem, mas, quanto à outra, os comentadores se dividem: uns admitem ser o prazer extraído do mimetizar, referido logo na sequência; outros acham que a segunda causa é a mencionada em 1448 b20, qual seja, a harmonia e o ritmo, tidos também por naturais ao homem.

[20] A faculdade da *mímesis*, para Aristóteles, é tão natural quanto o desejo de aprender (cf. início de *Metafísica*, I).

[21] Aristóteles parece repudiar (ou pelo menos não a menciona neste ponto), entre outras explicações para a atividade do poeta, a inspiração divina (uma das hipóteses platônicas sobre a origem da arte poética, seja irônica ou não), preferindo dar conta da maior habilidade de alguns para poetar supondo causas naturais, como seu maior talento ingênito...

[22] *Margites* é o nome de um poema de teor cômico atribuído a Homero.

[23] O verbo aqui é "*iambídzo*", zombar.

[24] Há aqui um certo "descuido" sintático na formulação desse símile, indicativo de texto escolar, talvez redigido por um discípulo de Aristóteles.

[25] Neste ponto, Aristóteles já se se manifesta pela primeira vez no texto sobre a superioridade da tragédia sobre a comédia. A própria designação dos comediógrafos como "*komoidopoioí*", meros "compositores de comédias", reservando o epíteto "mestres" apenas para os tragediógrafos, chamados "*tragoidodidáskaloi*", é uma boa indicação disso.

[26] O sentido é "em relação aos espectadores do teatro".

[27] A tragédia, naturalmente.

[28] Sinal de texto tomado às pressas: anacoluto, em que na prótase, "as transformações da tragédia..." se pedia como apódose "as da comédia", mas o que temos é apenas "A comédia...".

[29] Uma das raras referências na *Poética* ao autor *hypokrités*, o que é coerente com a visão aristotélica da tragédia como arte do poeta, não do ator.

[30] Um índice de descuido ou de pouco apuro sintático com elipses excessivas. Está implícito nessa passagem: "Mas, quanto a compor mitos <se sabe que> Epicarmo e Fórmis <o fizeram>", como traduzimos.

[31] *Akolouthéo* significa acompanhar, seguir, obedecer, e seu uso nessa passagem antecipa a precedência artística concedida à tragédia, erigida em paradigma aristotélico da arte poética, em face da epopeia, uma vez que, pela precedência cronológica, o esperado é que a tragédia tivesse acompanhado ou seguido a epopeia, mais antigo gênero literário do Ocidente.

[32] No silêncio do texto que consta apenas do adjetivo *"spoudaíon"*, de nobres, preferimos traduzir o substantivo elíptico por ações e não por homens, para ser mais fiel à noção já explicitada por Aristóteles de ser o *mŷthos mímesis* de ação, não de homens, como em Platão.

[33] Aqui, o verbo *"diaphéro"* no plural representa outra vez uma concordância ideológica. Algo surpreendente, pois se esperava, já que se fala nesse instante apenas da epopeia, o verbo no singular. Sinal talvez da falta de rigor sintático desse texto, já apontada.

[34] Análise organicista de Aristóteles. A tragédia seria um organismo mais completo, mais acabado que a epopeia. Parece haver um critério "evolucionista" de Aristóteles para julgar gêneros literários: os mais antigos (como a epopeia) são mais toscos e se aperfeiçoam pouco a pouco, como se fossem tentativas ainda não tão bem-sucedidas do gênero vindouro mais perfeito (a tragédia). Já Platão, envolvido mais eticamente do que poeticamente com a questão dos gêneros, julga seus efeitos independente de qualquer critério de desenvolvimento temporal e orgânico. Esse traço evolucionista de Aristóteles já se acha em *Metafísica*, quanto a seu modo de tratar os filósofos que o precederam (os pré-socráticos) como exemplares imperfeitos de sua própria filosofia, ou seja, antecipadores de algo primitivo de seu próprio sistema de pensamento.

[35] Aqui, surge no texto a primeira promessa de Aristóteles de examinar o gênero cômico, cuja análise, aparentemente, como veremos, foi reservada para o Livro II da *Poética*, que não chegou até nós.

[36] *"Hedysménoi lógoi"* pode significar linguagem temperada, adornada ou agradável.

[37] Pode-se traduzir também por "canto".

[38] Pode-se também ler *"métron"* por "dos versos": é a mesma coisa.

[39] Aristóteles acha inteiramente desnecessário, por evidente, indicar o significado de "melopeia" (música instrumental)

[40] Categoria aristotélica da *"poiótes"*, qualidade.

[41] Eis a definição de poesia mimética, por Platão, em *República* 603 c4-8: "A poesia mimética, dizemos nós, imita homens entregues a ações forçadas

ou voluntárias, e que, em consequência de as terem praticado, pensam ser felizes ou infelizes, afligindo-se ou regozijando-se em todas essas circunstâncias".

[42] Todos os agentes, evidentemente.

[43] Neste ponto, Aristóteles dá sua definição original de *mŷthos*, termo técnico que, para ele, não designa o mero relato mitológico, a lenda legada pela tradição, mas sim a sintaxe logicamente organizada das ações do drama.

[44] Isso significa "a tragédia tem sua qualidade <de tragédia>". Categoria aristotélica da qualidade: "*tò poión*". Preferimos ser literais na tradução de "*poîa tis*" por "um qual", dado que é assim que Aristóteles, em sua obra sobre Lógica, chama a categoria da "qualidade", por pensarmos entrever, em muita medida, na *Poética* uma aplicação das noções aristotélicas oriundas seja da *Metafísica*, seja, da *Ética Nicomaqueia* ou da *Física*.

[45] Como observa Eudoro de Sousa (2000, 167, nota ao §32) "A superioridade da ação (mŷthos) sobre o estado (caráter) é lugar comum na filosofia de Aristóteles. Por exemplo, em Ética Nicomaqueia, I, 6, 1098 a 10 e I, 5, 1097 a 21, Física, II, 6, 197 b 4, Política, VII, 3, 1325 a, Metafísica, IV, 2, 1013 b 36".

[46] Enquanto Aristóteles enfatiza as ações e não os homens como objeto das tragédias, a definição de Platão sobre poesia mimética dá mais destaque ao homem como seu objeto.

[47] Pode-se talvez deduzir daí o caráter antitrágico da sentença oracular de Delfos na *Apologia de Sócrates*, de Platão, que não trata de ações e de eventos futuros, tidos como necessários à *eudaimonía* (felicidade) do consulente do oráculo, mas de uma qualidade essencial de Sócrates, a sabedoria.

[48] O agente (ou personagem) é, para Aristóteles, um instrumento da ação, e o ator (dando vida ao personagem), instrumento deste. Numa analogia provocativa com os três graus de realidade da *mímesis* platônica, exposta no Livro X da *República*, o ator estaria, pois, três graus afastado da essência da arte poética, da tragédia, que é a ação. Agentes são acidentais de certo modo (Yebra, 1992, nota 120).

[49] Aristóteles reitera aqui essa importância do fim em sua obra: *Metafísica*, I, 994 b 9-10; *Ética Nicomaqueia*, I, 1, 1094 a 12-22, 5, 1097 a 21; *Retórica*, I, 7, 1348 a 3. A teleologia de Aristóteles se manifesta, nesse ponto, também com relação aos gêneros literários: sendo o fim o mais importante de tudo e a tragédia o gênero que persegue, sem desvios, um fim, seu desfecho, é natural que a tragédia seja melhor que a epopeia, esta mais

interessada em digressões que no alcance de determinado fim, que, aliás, já se sabe qual será de antemão, indicado logo no proêmio do poema.

[50] Aproximação, cara a Platão, entre pintura e poesia e pintores e poetas. Só que em Aristóteles tal aproximação não tem fim depreciativo para a poesia.

[51] Ou "exerce a psicagogia"= "*psykhagogeî*".

[52] Novamente a ideia de "primeiros poetas" como "poetas primitivos" (o evolucionismo)

[53] Diálogo com Platão: primeiro o *mŷthos*, depois os caracteres, diferentemente da definição platônica de *mímesis*.

[54] De novo, a analogia poesia/pintura.

[55] De novo a divergência com Platão: aqui importa a ação; os personagens (agentes) são necessários, mas de um certo modo acidentais.

[56] Como cidadãos.

[57] Manifestam algo pelo raciocínio.

[58] Ou nomeação, "*onomasía*".

[59] Aristóteles despreza nessa passagem a melopeia e o espetáculo, mas valorizará a ambos quando cotejar mais adiante a epopeia e a tragédia, como trunfos desta não compartilhados por aquela.

[60] "*Teleías*" = completa no sentido de acabada, aperfeiçoada, que se perfez inteiramente.

[61] "Inteiro" (*tò hólon*) também pode ser traduzido por "todo" ou "totalidade organizada ou cosmetizada" (cf. *Metafísica*, V, 26, 1023 b 24 e 1024 a 10 para a conceituação de "inteiro" e de "todo").

[62] Essa forma de dizer implica uma correlação forte ou mesmo uma equiparação entre o necessário natural e o necessário lógico. Essa visão é muito própria do pensamento antigo, em que não a história, mas a natureza é a grande mestra da vida. Disso pode decorrer que a causalidade (noção lógica) é de certa forma imanente à natureza. Tal compreensão sobreviveu com pouca modificação até Hume, que finalmente, em seu empirismo radical, vai negar essa causalidade ou necessidade lógica natural.

[63] Unidade de medida grega equivalente a cerca de 185 metros.

[64] No original, o acúmulo de hipérbatos torna essa oração quase bárbara em sua obscuridade, o que não deixa de ser estranho por tratar-se aqui de uma definição. A rigor, a tradução literal seria: "Em quanta extensão, segundo o verosímil e o necessário, acontece mudarem para a boa fortuna a partir da má ou da má para a boa, as coisas que ocorrem em sucessão, é o limite suficiente da magnitude".

65 Else (1986, p. 300) esclarece o vínculo dessa noção de unidade com a totalidade do capítulo precedente: "Se a totalidade (cap. VII) garante que nenhuma parte venha a faltar no poema, que nele deva estar, a unidade (cap. VIII), por sua vez, assegura que nenhuma aí se encontre, que deveria estar em outro lugar".

66 Homero excele, segundo Aristóteles, a todos os demais poetas da épica e, por isso, é visto como autor excepcional. Como se verá mais adiante, isso tem uma interessante razão de ser na economia da *Poética*, qual seja, o fato de Aristóteles não ver na épica um gênero autônomo, como a tragédia o é, e também a comédia certamente, pois ele promete seu tratamento específico no famoso Livro II desta obra, que não chegou até nós. Em suma, como irá ficando claro na leitura e, sobretudo, no final surpreendente da *Poética*, não tem a epopeia o mesmo *status* e dignidade ontológica da arte dramática, que, na verdade, constitui o grande tema de sua *Arte Poética*. Assim as considerações sobre Homero e sua excepcionalidade são praticamente considerações *ad hominem*, que, de certo modo, até ultrapassariam o escopo dessa sua obra, por dever-se nem tanto a uma *tékhne poietiké* específica mas a seu incomparável talento inato.

67 A questão da fonte dupla da poesia, seja por arte (*tékhne*), seja por dom natural (*phýsis*), já foi tematizada por Platão no *Íon* e no *Fedro* e aqui Aristóteles parece apenas renovar a admissão dessas mesmas possibilidades.

68 Ele aqui, evidentemente, é Odisseu, o protagonista da epopeia homônima.

69 Alguns comentadores pretendem ver na escolha desses exemplos por Aristóteles um cochilo do filósofo, já que, pelo menos o episódio do ferimento na perna de Odisseu produzido por um javali quando de sua iniciação na caça conduzida pelo avô Autólico teria grande importância para as ações, pois foi o que propiciou o reconhecimento do herói por sua velha ama, Euricleia, testemunha daquele incidente remoto na vida de seu amo. Mas o que Aristóteles se limita a apontar com tais exemplos é apenas a inexistência de nexos de verossimilhança nem de necessidade entre os dois episódios citados, nada afirmando a esse respeito sobre sua maior ou menor importância específica, cada um *per se*, na economia do *mŷthos*.

70 No caso da *Odisseia* a ação una a que Aristóteles se reporta é o retorno do protagonista à sua Ítaca natal e, no caso da *Ilíada*, a ação una se desenvolve em torno não da guerra de Troia como um todo, mas apenas se recorta no interesse da narrativa o episódio da ira de Aquiles, suas causas e consequências.

[71] Refere-se ao que foi dito nos capítulos VII e VIII, respectivamente, sobre a totalidade e a unidade do *mýthos*.

[72] Aristóteles aqui meramente retoma o que disse em 1447 b em relação a ser indiferente que um texto médico seja vazado em prosa ou em verso: nem por isso será poesia.

[73] Universal poético.

[74] Por aí se vê que o paradigma para pensar a história é, em Aristóteles, não o personagem, mas a trama lógica das ações.

[75] Note-se que a única razão identificada por Aristóteles para o poeta trágico recorrer às lendas tradicionais é conferir verossimilhança à sua *mímesis* e não, por exemplo, uma injunção política própria do gênero, para alguns autores que sublinham o matiz político da tragédia como arte democrática por excelência, em que se poria em questão o passado épico, de cunho individualista, centrado na pessoa extraordinária do herói, inservível na cidade democrática, frente ao novo modo de viver, agir e pensar da Atenas democrática, em que o coletivo (a *pólis*) transcende os homens individuais. As questões política e religiosa envolvidas na tragédia são ignoradas por Aristóteles, mais interessado em sua forma, para ele essencialmente dramatúrgica.

[76] Aqui se confrontam as diversas noções de *mýthos* da *Poética*: o legado pela lenda tradicional, o inventado pelo poeta e o sintático, fundado na estruturação lógica das ações sob um regime de verossimilhança ou necessidade.

[77] Como bem chama a atenção Eudoro de Sousa (2000, 172, § 54), o poeta trata, de um âmbito mais amplo, do que poderia ter acontecido (acontecível) e não só do acontecido. Mas pode versar também sobre o acontecido, desde que descubra "relações ocultas no próprio acontecer histórico, pois a mímesis poética é uma mímesis descobridora de relações". E assim se dissolve aparente contradição com o que foi dito em 1451 b 18-19: "o que aconteceu é evidente que é possível, pois não teria acontecido se fosse impossível".

[78] Em *Retórica*, III, 1403 b 34, Aristóteles já reclamava que, em seu tempo, nos concursos dramáticos, os atores teriam passado a ter mais importância que os poetas. Aqui, o filósofo alega que os atores interferem negativamente no agenciamento do mito. Ou seja, quase sempre que a palavra "ator" (*hypokrités*) aparece no texto é em prejuízo da obra poética.

[79] Yebra chama a atenção para o anacoluto dessa enorme oração que começa com "*epeì dè*", em sua nota 159, p. 277.

80 Aplicação de categorias aristotélicas distintas: o verossímil e o necessário são da ordem da causa, e os fatos passados, meramente da ordem temporal.

81 "Ele" significa "Édipo".

82 É bom notar que o tipo de "conhecimento", *gnósis*, referido aqui por oposição à ignorância não é a *epistéme* ou "ciência" para Aristóteles, mas sim uma espécie de conhecimento *by acquaintance*, por familiaridade, mais um reconhecimento, então, que o conhecimento *tout court*, no sentido técnico do conhecer filosófico.

83 Plural pelo singular.

84 Significativamente, Aristóteles não usa a palavra esperada aqui, isto é, "personagens", uma vez que essa palavra específica não parecia disponível no léxico ático à época de Aristóteles.

85 Plural pelo singular.

86 Passagem 727 e ss. de *Ifigênia em Táurida*.

87 Em Aristóteles, tudo é ação: até o *páthos* é *práxis*. E aqui também se vê que o *páthos* é da essência de toda tragédia, sem o que não pode haver compaixão e terror, ao passo que o reconhecimento e a peripécia só se dão em *mýthoi* complexos.

88 "*Eîdos*" funciona aqui como uma espécie de sinônimo de "partes qualitativas".

89 Depreende-se das passagens 918 b 27, 920 a 9 e 922 b 17, de *Problemas* de Aristóteles, que o coro não participava desses cantos.

90 Canto lamentoso cantado alternativamente por um ator e pelo coro na tragédia ática.

91 Filantrópico tem o sentido do que suscita sentimentos humanos, o mesmo que empático ou simpático.

92 Aqui Aristóteles fala de "personagem" trágico (ou agente, em sua linguagem), e um pouco atrás, de situação trágica; o que caracteriza uma transição brusca.

93 Trecho revelador do problema da *hamartía* (erro vinculado à peripécia): como combinação de casualidade com falta de saber. *Hamartía* está no erro reconstituído.

94 "Duplo" aqui quanto à solução ou desenlace do *mýthos* e não, como em 1452 b 31, no que se refere à sua organização, se com peripécia e reconhecimento ou sem esses elementos.

NOTAS 139

[95] É preciso ter claro aqui em que sentido as peças de Eurípides são as mais trágicas para Aristóteles. O que o filósofo leva em conta para tal juízo é a capacidade do tragediógrafo de suscitar *páthos* na audiência. Portanto, o que se considera neste ponto é meramente o efeito no espectador daquilo que é encenado, isto é, o espetáculo como um todo. Há, então, um "trágico" para o público, isto é, para os muitos e outro para o leitor educado, e este último radica sobretudo na perfeição da trama, *mýthos*. Assim, Aristóteles faz aqui uma rara concessão (que repetirá no último capítulo da *Poética*) à *"ópsis"*, espetáculo, e ao *metteur-en-scène*, ao atribuir o grau de "mais trágico dos poetas" a Eurípides. Trágico enquanto encenado para o público.

[96] Primeira em beleza, rivalizando com a espécie descrita há pouco, a tragédia de *mýthos* simples.

[97] *Asthéneian* significa "fraqueza".

[98] Aparentemente uma crítica a certa tragédia por ter a organização dupla da comédia.

[99] Mito aqui tem o sentido tradicional de lenda épica que serve comumente de material a ser mimetizado pelo drama trágico. Grafamos "mito" para diferenciar essa acepção daquela significação mais técnica, cunhada por Aristóteles na *Poética* de conjunto organizado das ações segundo nexos de necessidade ou verossimilhança, caso em que estamos mantendo, como já explicado, o termo original grego *"mýthos"*.

[100] O fim da tragédia também poderia advir do espetáculo.

[101] "Coregia" diz respeito à atividade do corego, isto é, do cidadão abastado a quem se designara arcar com os custos de montagem da peça.

[102] *"Teratódes"* pode ser o portentoso ou o monstruoso, etimologicamente.

[103] A linguagem aqui é a da "participação": "em nada participam da tragédia".

[104] Ou seja, não sendo nem amigos nem inimigos.

[105] Esta *"philía"* (como o demonstram os exemplos a seguir) deve ser entendida menos como amizade em geral e mais como um laço familiar, como quer Else, mas do que discorda Yebra, para quem significa apenas o contrário de ódio e inimizade.

[106] O verbo *"dráo"* como "agir em cena", ou seja, "atuar", realizar uma *performance* mais do que simples "agir", expresso comumente por *"práttein"*.

[107] "Mito" aqui no sentido tradicional, não aristotélico, de lenda antiga, mitológica.

[108] Aqui falta a palavra "agentes" (*práttontas*) que pode muito bem significar "personagens" (no caso "sabedores " e "reconhecedores"), palavra

ainda inexistente ao tempo da *Poética*. Não obstante isso, observe-se a constante oscilação da linguagem aristotélica na passagem do que está sendo mimetizado para o *mímema*, o resultado da mímesis.

[109] Aqui se justifica, parece, a possibilidade de *hamartía* fora do drama. A prática da atrocidade se dá fora do drama, mas não o reconhecimento que se dá em plena ação dramática.

[110] *Páthos* significa "ação patética".

[111] Interessante notar que há sempre no texto um *agón*, uma classificação do pior ao melhor ou do melhor ao pior.

[112] Caso de Édipo.

[113] Em 1453 a 17-22.

[114] Como a Casa de Atreu (nos mitos sobre Ifigênia, Agamêmnon, Clitemnestra), a Casa dos Labdácidas (nos mitos sobre Édipo, Antígona, Creonte) etc.

[115] "*Stokhádzesthai*" diz "mirar com acerto" ou "ser sagaz ao visar algo": se o personagem (caráter) trágico deve cometer um erro, *hamartía*, o poeta não pode errar quanto ao desenho dos caracteres.

[116] O personagem deve ser suficientemente bom, mas também suficientemente falível para sua infelicidade gerar compaixão.

[117] 1450 b 9.

[118] Ou "inconstância".

[119] Aristóteles estranha aqui a incoerência do caráter de Ifigênia, num momento suplicando por sua vida e, em seguida, portando-se como heroína sublime, arrostando a morte.

[120] A palavra "*lýsis*" pode ser traduzida tanto por "desenlace" como por "solução".

[121] Aqui a reprovação de Aristóteles diz respeito ao uso, por Eurípides, do *deus ex machina*, no final da tragédia *Medeia*, em que a protagonista é arrebatada de cena pelo carro de fogo do Sol.

[122] Passagem da *Ilíada*, II, 155 e ss., em que os aqueus estão reembarcando de volta à Hélade e surge a deusa Atena, que os impede.

[123] O que seria esse irracional ("*álogon*") no *Édipo Rei*? Sem dúvida, a presença da Esfinge, por exemplo, e, muito possivelmente também, o fato difícil de explicar razoavelmente de Édipo não ter nunca se indagado muito sobre as circunstâncias da morte de Laio, figura com idade para ser seu pai, ocorrida coincidentemente com sua chegada a Tebas e o fato de Jocasta ter idade para ser sua mãe. Além de esta nunca ter notado

que Édipo portava um defeito nos pés compatível com o que ela própria infligira a seu filho exposto para morrer no monte Citerão.

[124] Aristóteles deve estar se referindo aqui ao seu diálogo *Sobre os Poetas* (*Perì tôn Poietôn*), em que aborda temática similar à desta *Poética*.

[125] Em 1452 a 29.

[126] Os "filhos da Terra" são os Semeados legendários do mito de fundação de Tebas, que emergiram da terra já armados de lanças, e as estrelas aqui mencionadas são a marca de nascença que distinguia os descendentes de Pélope.

[127] *Tiro* é tragédia perdida de Sófocles, cuja personagem central homônima expôs os filhos gêmeos que tivera com Posídon, mais tarde os reconhecendo pela cesta em que os expusera.

[128] Episódio da *Odisseia*, XIX, 386-475 e XXI, 205-225, em que Odisseu dá-se a conhecer aos porqueiros mostrando-lhes a cicatriz na perna.

[129] *Odisseia*, XIX, 386, cena em que a ama de Odisseu, Euricleia, o reconhece vendo sua cicatriz ao banhar-lhe.

[130] Em ordem do pior reconhecimento para o melhor. Note-se que Aristóteles, por diversas vezes, procede a uma ordem de classificação das obras miméticas, segundo diferentes critérios, promovendo uma espécie de *agón* entre elas, procedimento cujo sentido só ficará inteiramente claro no final da *Poética*.

[131] Vê-se que o *mŷthos* tem autonomia sobre a própria vontade do poeta, que pode até ser onisciente, mas certamente não é onipotente, tendo como limite de seu arbítrio criativo a força viva e orgânica de uma trama bem concatenada. A rigor, nem há de se falar na ideia anacrônica de "criação" poética, já que o poeta, submisso a seu *mŷthos*, nos dois sentidos, o de trama lógica – *mŷthos* – e o de lenda tradicional – mito, não é criador original, mas apenas compositor, arranjador de *mŷthoi*, uma vez que, sendo a trama realmente lógica e articulada, só ela é necessária ou verossímil, e seu autor quase contingente.

[132] Odisseu, no Canto VII, 521 e ss. da Odisseia, ao ouvir o aedo Demódoco cantar suas façanhas e sofrimentos na Guerra de Troia, não contém as lágrimas.

[133] Nessa tragédia de Ésquilo, Electra encontra, em visita ao túmulo do pai, um chumaço de cabelos semelhantes aos seus próprios, donde, pela semelhança, num silogismo meio incerto, conclui que são de seu irmão Orestes e daí infere que este já havia chegado e estado ali.

[134] O instituto da exposição, *ékthesis*, era ainda vigente na Grécia do século V e permitia ao pai de família, *despótes*, rejeitar o filho, desde que o fizesse até o décimo dia de seu nascimento. Foi o que sucedeu a Édipo.

[135] A expressão "próprio do teatro" significa "próprio dos espectadores do teatro".

[136] O conceito de paralogismo ou falsa inferência está em *Refutações Sofísticas*, V, 167 b 1. É o caso, por exemplo, de se concluir que choveu apenas porque se verifica que o chão está molhado.

[137] Um manual de *Poética* se basearia na experiência somente, e o que faz Aristóteles aqui, por exemplo, é aplicar seu sistema lógico à arte poética. Para Aristóteles, o poeta é um fazedor; para Platão, um fingidor, um enganador.

[138] O conselho aqui é que o poeta se ponha, ao compor, no lugar do espectador para que nada lhe escape de inconveniente ou contraditório na sequência das ações. Note-se que se usa, no caso, como verbo de ver, *horáo*, que é um ver de tipo ativo, vigilante, próprio do poeta, diferente do ver passivo do espectador, *theáomai* (cf. Chantraine, 1999, p. 813).

[139] É curioso como Aristóteles, por não admitir – pelo menos na *Poética* – o recurso a qualquer intervenção explicativa que apela ao divino (como o faz Platão com a noção de inspiração), tem de encontrar no próprio temperamento ou disposições do autor certas características de sua obra.

[140] É difícil saber ao certo a que se refere o objeto direto de "desenvolver" nessa passagem: em tese poderia ser tanto aos episódios quanto aos argumentos, mas preferimos ligá-lo a este último, que é afinal o tema do parágrafo, embora o outro termo esteja mais próximo.

[141] A finalidade da viagem de Orestes à Táuris seria roubar uma estátua de Ártemis para levá-la a Atenas, cumprindo a promessa de Apolo de que assim se livraria do tormento das Fúrias que o perseguiam. Mas tudo isso seria estranho ao *mŷthos* conforme Aristóteles.

[142] Da peça *Ifigênia entre os Táuridas*, 281 ss, 1029 ss.

[143] O que estamos chamando, respectivamente, de "complicação" e de "solução" tradicionalmente é traduzido por "nó" e "desenlace", tendo em vista que a tragédia apresenta inicialmente um problema (complicação) a ser resolvido no final (solução) e, portanto, tentando acentuar o caráter problemático do gênero, em que o desfecho é o deslinde da situação desafiadora proposta de início.

[144] Aristóteles delimita espacialmente o movimento da tragédia. A complicação ou nó, embora possa ser elemento externo à tragédia encenada, a

integra organicamente, impulsionando a ação presente e se articulando com seu desfecho (desenlace ou solução). Particularmente integrada ao *mŷthos* é a complicação ou nó do *Édipo Rei*, pois seus fatos são reiterados narrativamente ao longo de toda a investigação do protagonista, pelos diversos personagens do drama.

[145] Texto mutilado irreparavelmente, segundo J. Hardy.

[146] Quando Aristóteles fala aqui das quatro partes (ou espécies) da tragédia, está se referindo, provavelmente, às partes "verbais", excluindo espetáculo e melopeia.

[147] Registre-se que as palavras *méros* e *eîdos* são usadas indiferentemente ora como "parte", ora como "espécie" ou "classe".

[148] Plural de Ájax, designando tanto o Ájax Oileu, quanto o Ájax Telamônio, da *Ilíada*.

[149] Quando Aristóteles menciona "Ájaces" e "Ixíones", está aludindo a tragédias sobre as lendas dos dois Ájaces e sobre Ixíon.

[150] Tragédia perdida de Sófocles, cujo coro era formado de mulheres da Ftia.

[151] Trecho ininteligível.

[152] Novamente o problema *méros/eîdos*. A palavra usada aqui é *méros*. É bom lembrar que esse mesmo uso intercambiável de *méros* e *eîdos* se verifica também num ponto crucial do Livro IV da *República*, em que se faz a divisão da alma: ali Platão usa *eíde* (espécies) como "partes" da alma.

[153] Veja-se neste ponto que nada é mais característico de uma tragédia e revelador de sua identidade do que sua complicação e sua solução, mais até que o próprio mito. Pois é evidente que tragédias baseadas em mitos diversos são diversas também, mas não basta que tenham os mesmos mitos para serem as mesmas: o que importa é o tratamento específico dado pelo poeta ao mito (entendido aqui no sentido usual de relato heroico e não no de trama logicamente articulada, ou *mŷthos*), coisa que transparece melhor no modo como agencia a complicação e a solução de cada tragédia. Observe-se, ademais, que, a título de sua tematização da complicação ou nó, Aristóteles apresenta três noções de tragédia: (1) a encenada, de interesse do espectador (o fenômeno); (2) a lida, de interesse do leitor (a essência, dela dispensados a melopeia e o espetáculo); (3) a que inclui sua premissa necessária, a complicação (a lógica), de interesse do poeta e do crítico. A complicação (premissa) é até mais importante que a solução, que pode ser arbitrária, inventada pelo poeta, para ter efeito trágico, puramente patético. Exímio dramaturgo,

Sófocles costumava integrar a premissa ao encenado numa estratégia narrativa de extrema tensão dramática.

[154] "Trágico" é de novo usado como na passagem em que Eurípides é tido como "o mais trágico", *tragikótaton*, dos poetas, a acepção de "trágico", nesta passagem como naquela, tem a ver com o patético. No entanto nada impede que um poeta seja "trágico" nesse sentido menor e manipule mal as complicações, tal como sofistas que tiram conclusões a partir de más premissas.

[155] A palavra grega é *"philánthropon"*, que também pode-se traduzir por "humanitário" ou "simpático".

[156] Aristóteles cita, em *Retórica*, II, 24, 1402 a 10-11, dois versos de Agatão com esse teor.

[157] Esse "todo" (*hólou*) é o conjunto articulado das ações (*mýthos*).

[158] Aristóteles faz a crítica da tendência já largamente dominante em sua época, e mesmo a partir de Agatão, de dar às partes corais o caráter avulso de mero interlúdio musical artificial e arbitrariamente inserido na peça sem qualquer organicidade com o *mýthos*.

[159] De novo a palavra *"eîdos"* usada com o claro sentido de "partes".

[160] *Méthodos*.

[161] *"Paraskeuasthênai"* poderia ser também traduzido por "instrumentalizado", "aparelhado", "fornecido", "apresentado" ou "conseguido".

[162] Esse demonstrativo plural (*"toúton"*, "essas coisas") pode estar se referindo tanto à elocução quanto ao pensamento que acabam de ser referidos.

[163] Grandeza e pequenez aqui devem ter a ver com os critérios de beleza e de possibilidade de apreensão e de memorização em relação à obra de arte, já referidos.

[164] A tragédia usa os recursos da retórica para produzir *páthos*, ênfase e verossimilhança verbal.

[165] A retórica comporta um certo pragmatismo, no qual a persuasão pode conter algum didatismo, mas o fazer poético é nisso diverso do fazer retórico tendo em vista suas diferentes finalidades, já que na poética os recursos discursivos devem brotar naturalmente da ação e não da deliberação exclusiva do orador, como na retórica. Na arte poética, o didatismo analítico arruinaria o preceito *"ars est celare artem"* (a arte é esconder a arte) próprio da poética. É interessante observar que a retórica tem caráter instrumental tanto para Platão, quanto para Aristóteles, subordinada neste à arte poética, que se serve de seus recursos, e naquele subordinada à filosofia, como no *Fedro*.

[166] Isto é, sem a mediação do discurso. Pergunta retórica.

[167] Estudo, que significa *theoría*.

[168] O que Protágoras censura em Homero nesta passagem é ter confundido o modo optativo com o imperativo.

[169] Muitas vezes se traduz *stoikheîon* por "letra", mas não parece aconselhável já que muitas vezes pode não ser escrito, sendo, por isso, muito mais próprio considerá-lo "elemento" da sílaba.

[170] Diferença de manuscrito.

[171] Aqui a palavra é *méros* (parte) quando talvez se esperasse mais *eîdos*, espécie. Já que se cuida, no caso, das espécies de elementos (ou de letras): vogal, semivogal e mudo (consoante) e não propriamente de "partes" de um som de voz, *phoné*, que, por definição, Aristóteles considera indivisível. Isso mostra claramente como os termos "parte", *méros*, e espécie, *eîdos*, são intercambiáveis, pelo menos nesta obra aristotélica.

[172] Som mudo, que significa consoante.

[173] Para Aristóteles, o critério de definir semivogal é o impacto ("S", "R"). Hoje em dia, a ideia de semivogal deriva da de consoante (que depende de outro para soar). O critério de Aristóteles é ter ou não impacto, e o nosso é soar com.

[174] Aristóteles seria, então, mal comparando, o primeiro "estruturalista" a entender língua como sistema de oposição binária, de tipo *com-sem* (com impacto, sem impacto, com tempo, sem tempo, etc.).

[175] "Métrica" aqui tem o sentido aproximado de "gramática".

[176] Vê-se pelas definições o quanto difere a noção de Aristóteles sobre conjunção e artigo das nossas atuais, não sendo muito claro – até pela corrupção do texto original – o que entenderia o filósofo por essas coisas.

[177] Esse "*kath'hautà*" (por si mesmas) remete às noções de "independência e autonomia" e de "separação". O que Aristóteles quer dizer é que as partes do nome não têm existência significativa separada, e, portanto, essa expressão interdita a separabilidade significativa de partes dos nomes, o que parece uma resposta a Platão, que, ironicamente, no *Crátilo*, decompõe as partes dos nomes para encontrar seus significados.

[178] O "quando", *tóte*, é a categoria temporal, como referida nos livros da lógica aristotélica.

[179] Caso aqui tem o sentido mais alargado de "flexão" em geral.

[180] A definição de homem se compõe de nome e verbo.

[181] Preferimos traduzir aqui "*lógos*" por enunciado em vista do tratamento misto que Aristóteles dá ao tema: a um tempo semântico e gramatical.

[182] A mesma ideia em *Analíticos posteriores*, 93 b 35-37 e em *Metafísica*, 1045 a 12-14.

[183] Por "nome", Aristóteles entende não só o substantivo, mas também o adjetivo e o verbo.

[184] Ver nota 176.

[185] Esse nome se compõe dos nomes de três rios da Ásia Menor: Ermos, Caico e Xanto.

[186] *Glôtta*, além da palavra "estrangeiro", pode significar ideias similares como "palavra emprestada", ou "rara", que necessita explicação.

[187] *Sígunon* significa "lança" (arma).

[188] Cf. *Retórica*, 1405 a 3.

[189] *Odisseia*, I, 185 e XXIV, 308.

[190] Expressões constantes talvez dos "*katharmoí*" de Empédocles, embora com redação diferente dos fragmentos 138 e 143 D.K.

[191] Em *Retórica*, II, 6, 1408 a7-8, trata-se desse procedimento de metáforas analógicas baseadas na noção de privação.

[192] Texto de Empédocles, Fragmento 88 D.K.

[193] *Ilíada*, V, 393.

[194] Nessa classificação, Aristóteles não contempla os nomes femininos da primeira declinação terminados em alfa ("A") em alternância, que é breve.

[195] Essa noção não está correta, podendo até ser resultado de interpolação. Terminam em alfa breve muitos nomes da primeira declinação, como *dóxa* ou *glôtta*.

[196] Palavra estrangeira, oriental, emprestada.

[197] O que Aristóteles chama de nomes intermediários (hoje, neutros) também podem terminar em "*P*" (R) como "*hýdor*", sem contar o numeroso grupo dos terminados em "*ma*".

[198] Nome no sentido abrangente de "vocábulo" em geral.

[199] Barbarismo é o que nem língua estrangeira chega a ser; é a linguagem dos bárbaros, incompreensível para um grego.

[200] A metáfora, se não se percebe a relação entre o termo metafórico e o metaforizado, torna-se um verdadeiro enigma desafiando a compreensão.

[201] A forma do enigma é o seu *hós lektéon*, o modo como é dito, de que tratava Platão no Livro III da *República*.

[202] Esse enigma é explicado em *Retórica*, III, 2, 1405 b1: trata-se da aplicação de uma ventosa ao corpo de alguém.

[203] Uma das funções do poeta, quanto à elocução, então, seria a de temperar sua linguagem para escapar tanto ao barbarismo quanto à expressão chã.

[204] Exemplo de litótes, forma de atenuação do que é dito.

[205] Neste capítulo Aristóteles está sendo didático e reiterativo ao extremo, talvez em homenagem ao tema da "clareza" na elocução.

[206] *Diakomoideîn* significa tornar cômico, alvo de riso, parodiar (cf. *Górgias*, 462 e).

[207] Citação intraduzível, pois o verso está mutilado.

[208] Procedimento da comédia: cômico de palavras (cf. *Retórica*, III, 1404 b 11).

[209] Aristóteles está advertindo o poeta quanto ao gosto duvidoso dessa transposição de nomes usuais para formas mais rebuscadas.

[210] Pode-se talvez apontar aqui um efeito de metalinguagem interessante, muito provavelmente não produzido voluntariamente por Aristóteles: pode-se ver uma espécie de transposição de procedimentos típicos do *mŷthos* trágico, *peripéteia* e *metabolé*, para sua própria *léxis*.

[211] No caso dessa comparação o outro é Eurípides.

[212] *Thoinâtai* é nome estrangeiro, provém do dórico.

[213] *Odisseia*, IX, 515.

[214] Aristóteles, com esses exemplos, mostra como o uso de palavras inusuais, metáforas e palavras estrangeiras pode surtir bom efeito nos versos épicos e, de outro lado, parecer banal, no caso de versos trágicos, como aponta no uso de palavra estrangeira no verso de Eurípides, por comparação com o uso de palavra usual no mesmo verso por parte de Ésquilo.

[215] *Odisseia*, XX, 259.

[216] *Ilíada*, XVII, 265.

[217] "De ti".

[218] Em lugar de "*egò autós*".

[219] Só o poeta contempla o que ninguém vê; o comum das pessoas só vê o que, de algum modo, já foi visto: o poeta vê originariamente. O conhecimento, pois, do poeta não é o expresso pelo verbo *oîda*, saber por já ter sido visto.

[220] Com isso, Aristóteles reconhece que o mais importante na elocução poética é estranho à *tékhne* poética, pertencendo ao domínio do "talento natural".

[221] Cf. *Retórica*, 1406 b 1.

[222] Aristóteles usa o adjetivo "dramático" apenas aqui e em 1448 b 35, sempre em conexão com considerações sobre a epopeia, como a lembrar que a narrativa épica também é *essencialmente* ação.

[223] Construção parecida com os relatos policiais, do tipo já constante do *Palamedes* de Górgias, em que o introdutor "é evidente..." aparece apenas no fim de longa oração iniciada pela conjunção integrante "que". Também nos nossos atuais relatos policiais e judiciais é comuníssimo começarem assim, por exemplo, "Que (o réu) conhecia a vítima, nega". Isso, aliás, parece um índice de estar-se aqui se dando uma inflexão no caráter do texto aristotélico, de um viés teórico, pedagógico, crítico e prescritivo para um de natureza basicamente retórico, como numa verdadeira apologia da tragédia em face da epopeia, impressão que veremos ir-se acentuando com o evoluir da tradução até seu final.

[224] História seria algo de que só se pode falar no fluxo de um tempo infenso a uma "edição" de tipo mimético, isto é, sem unidade necessária nem verossímil com princípio, meio e fim.

[225] Assim o que dá ordem à contingência ínsita da História é a poesia, emergindo a *mímesis* poética, então, como "edição" preordenada da história. Assim, se o grego aceita e até se deixa iludir pela *mímesis*, tomando-a, de certa forma, pela realidade, por outro lado, não admite que o contrário ocorra, como na "Queda de Mileto" de Frínico, ou seja, não admite que a realidade seja apresentada como *mímesis*. O que daria sentido à História, portanto, é a poesia por conta de emprestar um fim a fatos e ações desconexas. A História não é orgânica, e, portanto, não é racional, até por ser ilimitada. O que provê sentido às ações humanas como uma totalidade (um todo orgânico) é a poesia como um universal. Ou então a Ética e a Política, no plano da realidade.

[226] O verbo é *dráo*, que é um fazer no sentido de *to perform* em inglês, ou "levar à cena" em português. Então o erro que tais poetas cometem não é um qualquer, mas um erro de dimensão teatral, um grande erro, com o qual se comportariam não como poetas mas como historiadores.

[227] Em 1451 a 23-30.

[228] Aqui emerge uma nuance de sentido de *mímesis* aristotélica; o da edição do material original.

[229] Isso remete aos primeiros capítulos *da Poética*, sobre a unidade espacial e temporal da obra poética.

[230] Novamente a esperada palavra "personagem" não aparece, por não existir talvez termo equivalente à época de Aristóteles.

[231] Cf. 1456 a 1, 1455 b 33.

[232] Ética = de fortes caracteres.

[233] Relacionar com 1455 b 33.

[234] O desenvolvimento "natural" da tragédia em relação à épica se dá por acréscimos, como se um novo broto surgisse da árvore em crescimento (cf. 1450 a 8). As incursões aristotélicas pela História, desde o início deste texto, são do tipo "História Natural", cuja *ratio* é evolutiva, biológica, como se a única salvação epistemológica da História fosse a Biologia.

[235] Ética = "de caráter".

[236] Em 1451 a 11-15.

[237] Aqui, é como se Aristóteles se lamentasse da extensão para ele exagerada das epopeias antigas, o que dificultaria a contemplação panorâmica (*synóptika*) de princípio e fim. Mas ocorre que a épica tem seus próprios objetivos e procedimentos (como a necessidade de repetição formular própria da oralidade) ignorados por Aristóteles.

[238] Na maior parte das vezes em que Aristóteles usa a palavra *hypokrités*, atores, o faz com cunho pejorativo, que não é o caso dessa aparição da palavra, em contexto meramente descritivo.

[239] Comparar o corpo grande da epopeia a que alude o filósofo com a "alma" da tragédia (seu *mŷthos*). A epopeia, então, como descrita por Aristóteles seria um "corpão" que empresta sua própria alma da alma da tragédia.

[240] "Divertir" com significado etimológico (desviar a atenção) e simultaneamente com o significado vulgar (entreter). Aristóteles supõe que a mudança de episódios previne a saciedade, o tédio.

Por outro lado, vê-se que, embora Aristóteles encontre pontos positivos na narrativa épica, nem por isso considera o ato mesmo de narrar como da essência da epopeia, submetendo-a, ao contrário, ao paradigma da ação dramática, própria da tragédia. A narrativa para ele não passa de um modo para a *mímesis* poética. E modo não define essência da mesma maneira que o meio também não, como é o caso, abordado no Capítulo IX, em que diz que não é por ter metro que algo é poesia.

[241] Aqui há uma estranheza conceitual no texto: como a *mímesis* narrativa pode ser mais grandiosa que "as outras" se, segundo ele mesmo, só existe "uma" outra, que é a dramática, conforme estabelece no Capítulo III sobre os dois únicos modos de imitar? Por isso, não a toa essa constatação genérica e inusual nele de que a *mímesis* diegética é mais grandiosa vem apenas num parênteses, meio escondida. É que, se Aristóteles fosse desenvolver e tirar todas as consequências dessa ideia, chegaria fatalmente à conclusão de que é da *natureza* da epopeia a grandiosidade, com o que

chegaria a uma característica_*essencial* do gênero, autonomizando-o, o que não interessa ao filósofo, que tenta subsumir a epopeia aos critérios de avaliação da tragédia. Com isso, entretanto, Aristóteles está como que freando a tendência de sua própria argumentação que flui no sentido de indicar a divisão dos dois gêneros. Talvez conspire contra essa conclusão o caráter biologizante e evolutivo da compreensão do filósofo sobre os gêneros literários miméticos, em que a tragédia seria uma evolução (aperfeiçoamento) natural da epopeia.

[242] Na verdade, na compreensão de Aristóteles, esta *sýstasis* tem viés biológico-evolutivo: o *mýthos* é como um ser vivo e, portanto, uma tradução audaciosa poderia, em vez de "organização", traduzir logo o termo por "organismo".

[243] Em 1449 a24.

[244] Há relação entre essa passagem e uma da *República*, III, 392 c 8-395 b 8 em que Platão diz que a narração não é *mímesis*. Como ressalta Yebra (1992, nota 340), ao falar pessoalmente (em seu próprio nome) o poeta não seria mimético, pois, conforme 1451 b 28, o poeta "é poeta pela *mímesis*". Assim Aristóteles como que expulsa o narrador do território da poesia.

[245] Aristóteles parece se referir às epopeias cíclicas, em que as partes narrativas predominam amplamente sobre as dramáticas.

[246] Caráter aqui poderia significar "personagem" palavra, que, como vimos, não corresponde, à época de Aristóteles, a um termo específico, como para nós.

[247] Aristóteles parece não ver que o maravilhoso fornece um prazer que não é o próprio da tragédia, mas muito mais afeto à épica e não algo comum igualmente aos dois gêneros.

[248] Se aqui Aristóteles atribui à *ópsis*, espetáculo visual, o papel de barrar o irracional na tragédia, vê-se, então, uma função essencial da *ópsis*, ao contrário do que ficou dito no Capítulo VI sobre o papel meramente expletivo e "menos artístico" dessa parte qualitativa do drama.

[249] *Ilíada*, XXI, 136-247, cena em que Aquiles persegue Heitor dando várias voltas em torno da cidadela de Troia, observado por suas tropas, que, enquanto corre, Aquiles manda ficar estática com sinais de cabeça. O próprio Aristóteles, desde os primeiros capítulos, reconhece em Homero uma *dýnamis* poética muito universal, transitando por todos os gêneros ou os antecipando. Até a passagem, meio cômica, da perseguição de Heitor talvez seja proposital como ironia, já que Aquiles representa a ironia de que, embora sendo o herói de pés ligeiros, ausenta-se da ação

na maior parte da epopeia e aqui só ele quer agir, ter o monopólio da ação, chega a impedir a ação dos companheiros. Com isso ressalta-se a individualidade do herói sempre a contrapelo dos demais. O tratamento excepcional que Aristóteles dá a Homero é uma escapatória a uma análise mais lógica e consequente do gênero épico ou da epopeia como gênero.

[250] Raciocinar falso poderia ser outra tradução para "dizer coisas falsas".

[251] O paralogismo aqui consiste em tomar como categoria causal o que é categoria temporal.

[252] É a designação antiga do Livro XIX, 164-249 da *Odisseia*. Odisseu descreve a Penélope, com precisão, as vestes de seu pretenso hóspede, Odisseu. Penélope se convence, por isso, da verdade desse relato cometendo o seguinte paralogismo: se o homem se lembra bem das vestes de Odisseu é verdade que esteve em sua casa, ou que o conheceu, esquecendo-se de que outros homens e o próprio Odisseu também conheciam suas vestes.

[253] Essa afirmação forte e aparentemente paradoxal distingue a noção de *mímesis* poética do verdadeiro e do possível, rompendo com o sentido de *mímesis* meramente reprodutiva de Platão.

[254] *Mýtheuma* aqui significa "tragédia encenada" (vide nota 153).

[255] Como aponta Yebra (1992), parece estranho, de fato, que Édipo, há vinte anos no trono de Tebas, desconheça inteiramente como foi morto seu antecessor. Aristóteles faz duas qualificações importantes à sua definição de tragédia do Capítulo 6: 1) uma de caráter essencial: a tragédia lida produz o mesmo efeito que a encenada; 2) uma de caráter lógico: a tragédia precisa de uma premissa, geralmente não encenada (o nó ou complicação).

[256] *Odisseia*, XIII, 116 e ss., onde se narra como os feácios desembarcaram Odisseu na praia ainda dormindo e vão embora sem despertá-lo (cf. Yebra, 1992, nota 349).

[257] O poeta aqui é, mais uma vez, Homero, verdadeiro *deus ex machina* da argumentação de Aristóteles.

[258] Partes "nem éticas, nem dianoéticas" são aquelas em que não predominam nem o caráter nem o pensamento.

[259] Else (1986) acha que este capítulo como um todo não pertenceria ao corpo da *Poética*, tendo, em sua opinião, sido agregado depois a partir de outros textos de Aristóteles publicados provavelmente como "Questões ou problemas homéricos". Era um gênero bastante popular em sua época um debate acerca da obra de Homero com a forma de uma defesa e de um ataque ao poeta. Diz Else: "O ponto de vista do capítulo XXV é o de

um advogado que redige um arrazoado". Pensamos que assiste inteira razão a esse comentador quanto a ter este capítulo uma aparência de peça de retórica forense. Só que, a nosso ver, isso não é característica somente deste capítulo, mas algo que se esboça sempre que Aristóteles tem ocasião de comparar a epopeia com a tragédia, desde o início deste texto, acentuadamente, porém, nos três últimos capítulos inteiramente devotados a tal temática. Esperamos, em notas subsequentes, dar mais consistência a essa nossa impressão.

[260] A expressão grega é "*hosperánei*", aglutinação das palavras *hósper-án-en*, que, se marca uma semelhança genérica, assinala também uma diferença específica entre os termos que estão sendo comparados, e não, como Yebra traduz (1992, p. 225), como se se tratasse de uma *identidade* entre pintor e poeta.

[261] "Modificações" é aqui a tradução de *páthe*, ou seja, as alterações que sofre a palavra por flexão, declinação, conjugação, etc.

[262] Licença poética.

[263] Aristóteles, nesse ponto, argumenta contra Platão, que defendia a aplicação à poética dos mesmos critérios de correção próprios da política (*República*, X, 601 d-e, e *Leis*, II, 653 b-660)

[264] Trecho corrompido.

[265] Proposta de inserção corretiva de Vahlen que preenche, desse modo, a lacuna no texto grego entre Mimésasthai e adynamían.

[266] A *hamartía*, erro, aqui é da arte poética e, consequentemente, do poeta, pois sua falha diz respeito ao que é essencial à sua arte, por isso ele devia saber que o cometeu. Seu erro não é acidental nem casual e, portanto, imperdoável.

[267] A palavra aqui – *hamártema* – diz respeito a um erro acidental à arte do poeta e, portanto, perdoável.

[268] A esse mesmo exemplo, extraído da *Ilíada*, Aristóteles recorreu quando da tematização do *álogon* (irracional), e usa agora para falar do *adúnaton* (impossível). Em que sentido *adúnaton* e *álogon* poderiam ser equivalentes em Aristóteles? *Ilíada*, XXI 136-247.

[269] *Finis regit actum* significa o fim rege o ato.

[270] Essa afirmação apenas aparentemente é paradoxal, pois se trata aqui não de uma correção em sentido absoluto como na linguagem comum, mas de uma correção pertinente, com exclusividade, ao domínio da arte poética, de modo que, como vem salientar, através de exemplos, Aristóteles, é possível estar-se correto mesmo no erro, se o erro cometido for somente acidental no que tange à essência do fazer poético.

[271] Essa passagem é um bom exemplo de como é natural para nós em nossa linguagem cotidiana dizer que o escritor "pintou" ou "retratou" um personagem. Isso porque a pintura e a literatura têm em comum a atividade (ou o aspecto) descritiva, característica tão explorada, maliciosamente, por Platão em sua derrisão da poesia no Livro X da *República*.

[272] O sentido de verdadeiro aqui é mais o de veraz, ou seja, o que está em jogo é meramente a correspondência mais próxima possível entre a *mímesis* e o real, factual.

[273] Xenófanes criticava o antropomorfismo dos deuses homéricos. Aristóteles, nessa passagem de estilo torturado, parece estar querendo dizer: "Meu filho, se queres falar sobre deuses, o meio não é escrever tragédias, nem epopeias, mas teologia". Usa Xenófanes talvez como seu ventríloquo para negar os deuses olímpicos.

[274] *Ilíada*, X, 152.

[275] *Ilíada*, I, 50.

[276] *Ilíada*, IX, 203.

[277] Aqui Aristóteles parece estar citando de cabeça o verso, de sorte que há um entrecruzamento de dois versos, ambos da *Ilíada*, só que um de I, 1-2, e o outro de X, 1-2. Além disso, é de se notar que este capítulo XXV, como um todo, deixa bastante claro o fato de ser texto esotérico (para iniciados). Tanto é assim que Aristóteles nem se dá ao trabalho de, em seus exemplos, completar o verso ou frase poética a que alude (mesmo quando isso é importante para a significação), presumindo-se, então, um evidente contexto compartilhado com seus discípulos.

[278] A metáfora nesse exemplo seria a respeito do uso de *pannýkhoi* (toda a noite) por parte dela e também no uso do sentido da visão em lugar do da audição (hoje a isso se chama "sinestesia").

[279] *Ilíada*, XVI, 489.

[280] *Oíe* significa tanto "somente" como "ímpar" no sentido de "excelente" enquanto o trivial *mónon* só quer dizer "somente".

[281] Essas palavras não estão no texto da *Ilíada* de que dispomos, mas na versão de que se serviu Aristóteles corresponderia talvez ao verso 15 do Canto II. Aristóteles volta a se referir à passagem em *Refutações sofísticas*, 166 b6-8. O que, de resto, tendo as *Refutações sofísticas* sido escritas antes da *Poética*, reforça a ideia de ser esta última, em certa medida, aplicação de conceitos do *corpus aristotelicum* como um todo.

[282] *Ilíada*, XXIII, 328.

283 "Diérese" pode significar "divisão", mas aqui tem o sentido de "pausa" ou "pontuação".

284 Empédocles, fragmento B 35, 14-15.

285 "Anfibolía" significa "ambiguidade".

286 *Ilíada*, X, 251-252.

287 *Ilíada*, XXI, 592.

288 *Ilíada*, 272. A passagem é altamente controversa em sua interpretação. Diz respeito a um escudo feito por Hefestos e que constava de cinco camadas: uma de ouro, duas de estanho, internas e duas de bronze. O verso diz que a lança teria se detido na terceira. A discussão cifra-se em saber qual a disposição exata das camadas para que esses pressupostos se harmonizem entre si. O que é matéria de especulação é a ordem das camadas e se o ponto de partida para sua enumeração seria a parte côncava e convexa do escudo. Note-se aqui que esta, como a maioria das questiúnculas erguidas contra Homero, à época, dizem respeito a detalhes numéricos ou à matemática, assunto caro aos séculos V e IV e seu cultivo da exatidão.

289 Esta frase poderia ser dita de modo muito mais econômico, sobretudo por alguém já tão econômico em palavras como Aristóteles. Isso sugere que a redação é provavelmente a anotação de aula de um discípulo.

290 Esse Gláucon talvez seja o mesmo mencionado por Platão no *Íon* como grande conhecedor de Homero.

291 Icário é o pai de Penélope e avô de Telêmaco. O que se estranha aqui é não ter Telêmaco visitado o avô quando de sua estada no Peloponeso. Mas o que é provável é que Icário não vivesse ali, nem fosse lacedemônio.

292 O impossível aqui não tem valor em si, mas depende de considerações poéticas: das exigências da própria poesia, do que seja melhor ou da opinião comum.

293 "Recuperar" e "relevar" seriam outras possíveis traduções para "*anágein*".

294 Cf. 1460 a 27.

295 *Eikós*, palavra que é usada duas vezes nesta frase, pode significar tanto "verossímil" – no plano ficcional – quanto "provável" – no plano do real. Traduzimo-la, no caso, num e noutro sentidos por acreditarmos que o que se quer dizer aqui é que eventos improváveis podem ser tornados verossímeis pela *mímesis* poética. Aristóteles, diferentemente de Platão, parece considerar que o que é impossível, improvável, irracional na vida pode ser convertido em verossímil pela arte poética. Nesse sentido, arte e vida podem tornar-se comensuráveis pela verossimilhança poética,

mantendo, porém, suas diferenças específicas, ao contrário do que queria Platão ao subordinar o verossímil ao verdadeiro, como sua categoria desqualificada.

[296] Há quem admita que houve uma obra perdida de Eurípides, que seria a sequência de *Medeia*, chamada *Egeu*, a que o filósofo poderia estar se referindo nesta alusão.

[297] Cf. 1454 a 29.

[298] Em longa nota, Yebra (1992, p. 333, nota 383) faz um inventário completo das soluções para os problemas analisados neste capítulo por Aristóteles. Recomendamos ao leitor reportar-se a esse brilhante resumo, mas nos dispensamos de reproduzi-lo na íntegra, dada sua extensão.

[299] Nesta abertura do Capítulo XXVI, destinado supostamente a decidir sobre qual a mais perfeita das artes poéticas, se a tragédia ou a epopeia, Aristóteles finge imparcialidade, embora já tenha deixado até aqui clara sua preferência, negando-se, como vimos, até a reconhecer o gênero épico, quando teve todas as possibilidades (abertas pelo seu próprio raciocínio) para fazê-lo.

[300] Aristóteles inicia seu confronto final com Platão na *Poética* parecendo adotar, retoricamente, como veremos, uma opinião platônica expressa em *República*, III, 392-398 e *Leis*, II, 658 d-e.

[301] "Estes" significa "os espectadores".

[302] Esse "ele mesmo", como em seguida se verá, não parece ser o poeta, como seria esperável, mas é o ator apenas.

[303] Minisco e Calípedes são atores gregos de tragédia do século V.

[304] Nada se sabe sobre este outro ator, Píndaro.

[305] "Estes" são os atores do tipo de Calípedes e Píndaro e "aqueles", os do tipo de Minisco.

[306] Diferença de manuscrito.

[307] A "crítica" desse início de capítulo afetada por Aristóteles à tragédia em confronto com a poesia é, segundo os próprios critérios do filósofo, meramente acidental, pois diz respeito à arte dos atores e não à arte poética em si mesma. E, a pretexto de "censurar" a tragédia nesse aspecto particular e acidental, como logo a seguir ele mesmo reconhece, Aristóteles aproveita para alfinetar tanto Platão indiretamente, como os atores diretamente. Ou seja, ao elencar uma pretensa "crítica" à poesia trágica em face de sua competição com a epopeia, na verdade, o que faz Aristóteles é, desde já, uma defesa da primeira, desqualificando imediatamente a tal "crítica" como não pertinente à arte poética propriamente dita.

[308] Repete-se, neste ponto, a ideia da desnecessidade da encenação da tragédia na obtenção de seu efeito característico, coisa já afirmada em 1450 b 18 e em 1453 b 4-6.

[309] Grande diferença de manuscrito.

[310] Aqui ocorre uma reabilitação *ad hoc*, para a arte mimética, por necessidade retórica e apologética da tragédia, das partes qualitativas do drama "melopeia" e "espetáculo", não mais como ornamentos dispensáveis à produção dos efeitos da tragédia, mas reforçadores do efeito prazeroso da *mímesis* teatral.

[311] Aristóteles aqui, ao valorizar a *ópsis* (espetáculo), que desdenhou em várias passagens anteriores, como parte acidental da arte poética, a rigor estaria se contradizendo, não fora o caráter apologético do presente capítulo, que se revela como discurso de cunho retórico – uma apologia da tragédia – em que o filósofo se comporta como um advogado no tribunal, e, como advogado, se permite algumas inconsistências (desde que não percebidas pelos julgadores-leitores). Há que lembrar também que, no cânon da retórica forense, na peroração ou epílogo dos discursos judiciários, faz-se uma rememoração sintética, simplificada, redutora (*mnéme*) de tudo quanto dito, como a implicar o pouco discernimento e memória dos juízes, ao tempo em que se faz um elogio irônico à inteligência destes. Cumpre lembrar, por oportuno, que Aristóteles nunca dá uma definição de epopeia, como tão minuciosamente o fez com a tragédia: a razão disso talvez esteja em não ter querido individualizar a épica como gênero autônomo. Tanto que jamais se refere à "épica", mas somente à "epopeia", que, como se sabe, é a obra épica concreta e singular de forma e dimensão magistrais – como as de Homero – particularizando, portanto, suas considerações e não empregando o termo "épica" numa acepção genérica como expressão literária com procedimentos e, sobretudo, finalidades próprias e inconfundíveis com os da tragédia. Fica claro, então, que, na *Poética*, mais que uma teoria da arte poética ou da "literatura" em geral, o que faz, sobretudo, Aristóteles é uma teoria da tragédia com o fito de fazer sua apologia (contra Platão aliás, que no Livro III da *República* e, portanto, antes de repudiar a arte mimética como um todo, disse preferir a épica à tragédia)

[312] Durante todo o texto, Aristóteles usa a expressão *semeîon d'e* (prova é que) no sentido lógico, como um introdutor frasal argumentativo e não como prova no sentido forense *pístis*.

[313] Diferença de manuscrito. A tragédia é erigida aqui em padrão de comparação para a epopeia. Repare-se, ademais, que ao tom agonístico dos

últimos capítulos da *Poética* se subsume perfeitamente o Capítulo XXV, que ressalva Homero do ataque de Aristóteles à epopeia (questões homéricas). Ironicamente, pois o "advogado" Aristóteles só se revela plenamente no final.

[314] Prazer aqui não é um prazer qualquer, mas o prazer próprio da *mímesis*, que tem um nexo com a cognição. Por vezes esse prazer parece ser o do fim próprio da tragédia, isto é, da catarse; às vezes, entretanto, parece aquele prazer de índole cognitiva, extraído de todo o mimetizar. Ou, quem sabe, trata-se de uma mesma coisa, como preferem os teóricos da catarse como clarificação intelectual e não, ou não apenas, purgação ou purificação.

[315] Esse fim da tragédia, não custa lembrar, é o mesmo fim, para Aristóteles, da epopeia.

[316] E a *Poética*, segundo o estabelecimento do texto que orientou a tradução de Yebra, termina com sinal de reticências. Isso revelaria seu aspecto de obra inacabada.

Este livro foi composto com tipografia Minion Pro e impresso
em papel Off-White 90 g/m² na RR Donnelley.